# Kauf eines gebrauchten Hauses

Besichtigung, Kaufvertrag, Übergabe

Diese Publikation erscheint im Rahmen der
Verlagsgemeinschaft STIFTUNG WARENTEST und
Verbraucherzentrale Nordrhein-Westfalen e.V.

6. Auflage, Februar 2010, 53.–62. Tausend


ISBN: 978-3-940580-54-2
Printed in Germany

## Inhaltsverzeichnis

## 4 Die Besichtigung des Hauses



## 5 Einschätzung des Sanierungs- und Modernisierungsbedarfs

## 6 Hilfen für die Beurteilung des Kaufpreises



## 7 Der Kaufvertrag



## Anhang

# Einführung

**Alternative zum Neubau**

Der Kauf einer gebrauchten Immobilie kann eine interessante Alternative zum Neubau sein. Der Kauf kann sogar einige Vorteile bieten: Sie können die angebotenen Objekte in fertigem Zustand in Augenschein nehmen, Vergleiche ziehen und unter Umständen auch relativ rasch das Gebäude beziehen. Leider gehen aber nach wie vor viele Käufer von Immobilien relativ sorglos an die Besichtigungen und Einschätzung der Bausubstanz und Haustechnik.

Das Kaufen einer Immobilie mag bequemer sein als ein Haus neu zu bauen, einfacher hingegen muss es nicht sein. Immobilien sorgfältig zu besichtigen, die Ausführungen des Verkäufers oder Immobilienmaklers mit kritischer Distanz zu hinterfragen, eigene Überprüfungen vorzunehmen und eine Diagnose über den Zustand des Hauses zu stellen, sind wichtige Voraussetzungen, um den in die Immobilie investierten Wert auch langfristig sichern zu können.

**Checklisten zur Vorbereitung**

Dieser Ratgeber gibt Ihnen Informationen und Checklisten an die Hand, damit Sie den Kauf einer gebrauchten Immobilie strukturiert und gut vorbereitet angehen können. Das Buch konzentriert sich dabei ausschließlich auf den Erwerb von Gebrauchthäusern durch private Käufer zur privaten Nutzung.

In Kapitel 1 erfahren Sie zunächst Grundsätzliches zur Haussuche, Kapitel 2 gibt Ihnen einen Überblick über die Baujahre und ihre Charakteristika, und Kapitel 3 erläutert die gesetzlichen Bestimmungen zu zulässiger Emission und zulässigem Energiebedarf gebrauchter Häuser. In Kapitel 4 erfahren Sie, wie eine gute Hausbesichtigung vorbereitet und durchgeführt wird. Dabei unterstützen wir

Sie mit umfangreichen Checklisten bei der Besichtigung. Kapitel 5 hilft Ihnen bei der Einschätzung des Sanierungsbedarfs gebrauchter Häuser und Kapitel 6 gibt Ihnen wichtige Informationen zur Beurteilung des Kaufpreises. In Kapitel 7 finden Sie schließlich die Regelungen eines Kaufvertrags.

Das Buch soll Ihnen helfen, ein Objekt von guter Qualität in für Sie guter Lage und zu einem gerechtfertigten Preis-Leistungs-Verhältnis zu finden und anschließend zu erwerben.

# Kapitel 1
# Die Haussuche

## Die Anbieter am Markt

**Immer ein Kompromiss**

Über welches Medium Sie Ihre persönliche Suche nach einem gebrauchten Haus auch aufnehmen, ob über den Immobilienteil der regionalen Zeitungen, über einen Makler, über das Internet oder über eigene Inserate – Sie werden schnell feststellen, dass es fast unmöglich ist, das perfekte Haus zu finden und zu kaufen. Man muss beim Hauskauf praktisch immer einen Kompromiss eingehen, sei es in Grundriss- und Gestaltungsfragen oder in haustechnischer Hinsicht (z.B. Zustand der Sanitärinstallation). Oftmals werden Sie sich nämlich in einer der folgenden Situationen wiederfinden:

- Sie haben Ihr Traumhaus von besonderer Qualität zu einem bezahlbaren Preis gefunden, allerdings in sehr ungünstiger Lage.
- Sie haben ein Objekt zu einem bezahlbaren Preis in sehr schöner Lage gefunden, allerdings ist das Haus selbst weder schön noch qualitativ hochwertig.
- Sie haben ein sehr schönes und qualitativ hochwertiges Haus in einer traumhaften Lage gefunden, allerdings ist es unbezahlbar.

Erst wenn Sie ein qualitativ gutes Haus in guter Lage zu einem bezahlbaren Preis gefunden haben, werden Sie Grund haben, zufrieden zu sein. Das wird nicht immer ihr Traumhaus sein, aber doch ein guter Kompromiss.

**Das sollten Sie vor der Suche klären**

Bevor Sie also an die konkrete Suche gehen, sollten Sie mehrere Dinge vorab für sich abklären. Hierzu gehören bestimmte Rahmendaten, wie der maximale Kaufpreis einer Immobilie einschließlich sämtlicher Nebenkosten, der Raum- und Platzbedarf, den eine Immobilie für Sie erfüllen muss, die Haustechnik (z.B. welches Heizsystem Sie bevorzugen: Öl, Gas, Fernwärme etc.), die Lage und Erreichbarkeit, die Infrastruktur und nicht zuletzt die Kaufabwicklung und welchen Partner Sie hierfür bevorzugen. Nachfolgend stellen wir Ihnen die häufigsten Partner privater Hauskäufer vor.

### Der private Verkäufer

Der wahre Verkaufsgrund

Der private Verkäufer ist meist der Vorbesitzer oder Erbe einer zum Verkauf stehenden Immobilie. Er handelt in der Regel nicht gewerbsmäßig mit Immobilien, sondern möchte aus bestimmten Gründen ein konkretes Objekt, das er möglicherweise sogar selbst bewohnt hat, verkaufen. Wichtig für Sie ist die Frage, warum der Vorbesitzer überhaupt verkaufen will. Sind es harmlose Gründe, wie ein Ortswechsel aus beruflichen Gründen oder einfach weil er das Haus nun lange genug bewohnt hat oder vor einer Renovierung lieber umzieht, oder sind es gravierende, weil es z.B. Unklarheiten hinsichtlich der Statik der Bausubstanz gibt oder demnächst eine Umgehungsstraße vor den Garten gebaut wird etc. Dies wird Ihnen der private Verkäufer nicht unbedingt erzählen, ebenso wie er Ihnen eventuell erforderliche Reparaturen in größerem Umfang oder Bauschäden als Verkaufsgrund nicht offen legen wird. Es ist aber für Sie wichtig, den wahren Verkaufsgrund herauszufinden.

### Der Immobilienmakler

Nachweismakler/ Vermittlungsmakler

Der Immobilienmakler betreibt das Geschäft mit Immobilienverkäufen gewerbsmäßig. Er tritt in der Regel nicht als Eigentümer einer Immobilie auf, sondern als Vermittler. Man unterscheidet zwischen Nachweismaklern und Vermittlungsmaklern. Nachweismakler erhalten ihre Provision, wenn sie Kunden die Kenntnis einer Vertragsmöglichkeit verschafft haben. Vermittlungsmakler erhalten ihre Provision, wenn sie den Abschluss eines Vertrages vermitteln konnten.

Nicht automatisch muss bei einer Maklervermittlung eine Provision, die sogenannte Courtage, anfallen. Dies muss z.B. dann nicht der Fall sein, wenn nur der Verkäufer die

Vermittlungsgebühr trägt. Meist ist es allerdings so, dass der Käufer die Courtage zahlt, manchmal auch Verkäufer und Käufer gemeinsam.

**Vermittlung zwischen unterschiedlichen Interessen**

Eines der Probleme der Vermittlungstätigkeit von Maklern ist fast durchgängig die Beratung zweier unterschiedlicher Interessenlagen: Die des Immobilienverkäufers und die des Immobilienkäufers. Dies wird allgemein dann als sehr problematisch angesehen, wenn im Erfolgsfall von zwei Seiten Provision fließt. So etwas ist z.B. Rechtsanwälten aus gutem Grund nicht gestattet. Inwieweit ein Makler also Interessen eines Käufers nachhaltig vertritt, wenn er gleichzeitig die des Verkäufers berücksichtigen muss, darf hinterfragt werden.

**Die Maklercourtage:**
Sie setzt sich zusammen aus der eigentlichen Courtage, die keinerlei Vorgaben folgt und ganz frei vereinbar ist und der Mehrwertsteuer. Typisch sind Courtagesätze von 3 % des Verkaufspreises eines Hauses. Kommen dazu 19 % MwSt. ergibt dies einen Courtagesatz von 3,57 % (19 % von 3,0 = 0,57) . Bei einer Netto-Courtage von 6 % sind es bereits 7,14 % brutto. Eine Courtage von nur 1 % netto und 1,19 % brutto oder 0,5 % netto und 0,595 % brutto wäre genauso vereinbar. Wichtig: Courtagesätze müssen Verbrauchern gesetzlich zwingend immer mit dem Brutto-Preis angegeben werden.

**Die Courtage ist verhandelbar ...**

Die Provision von Maklern ist frei verhandelbar. Zwar setzen fast alle Makler die Courtage pauschal fest, häufig irgendwo zwischen 3,57 und 7,14 %, je nach Region und je nachdem, wer die Provision zahlt, Käufer oder Verkäufer oder beide. Doch die Höhe der Courtage geht auf keine feste Gebührenordnung oder ähnliches zurück. Ein Makler könnte genauso gut nur 1 % Courtage nehmen. Das geschieht allerdings praktisch nicht, da man sich wechselseitig natürlich nicht den Markt kaputtmachen will. Ist gar keine Maklercourtage vereinbart, wird – auch von Gerichten – meist die sogenannte „ortsübliche“ Courtage angesetzt. Das heißt, auch dann landet man wieder bei den hohen Vermittlungssätzen. Ein Vergleich des europäischen Auslands zeigt, dass Makler auch zu deutlich niedrigeren Courtagesätzen tätig werden. Mit wenigen Ausnahmen liegen die deutschen Courtagesätze fast überall in Europa deutlich an der Spitze. So werden etwa in den Niederlanden zwischen 1 und 2 % an Courtage genommen, im benachbarten Nordrhein-Westfalen aber zwischen 3,57 und 7,14 %. Die hohe Courtage, die bei einem Immobilienverkauf fällig wird, die Doppelberatung bei Interessengegensätzen und die Tatsache, dass zur Ausübung des Maklerberufes keinerlei Berufsqualifikation notwendig ist, führen immer wieder zu erheblicher Kritik an dem Berufsstand.

**... und deshalb sollten Sie über die Höhe der Courtage verhandeln**

Stehen Sie selbst vor einem Hauskauf, können Sie sich natürlich zum Ziel setzen, ein geeignetes Haus auch ohne Makler zu finden. Geht es definitiv nur mit einem Makler, sollten nicht vorschnell mündliche oder schriftliche Vermittlungsaufträge abgeschlossen werden, sondern es sollte zunächst einmal über die Höhe der Courtage verhandelt werden. Dieses sollte dann auch unbedingt schriftlich fixiert werden. Viele Makler sind jedoch nicht bereit, bei der Courtage mit sich verhandeln zu lassen. Sie sollten sich dann allerdings fragen, ob Sie auf dieser Basis ein Geschäft eingehen wollen oder lieber einen anderen Weg zum eigenen Haus suchen.

Nimmt ein Makler beispielsweise 7,14 % Courtage für die Vermittlung einer Immobilie im Wert von 300.000 Euro sind dies sage und schreibe 21.420 Euro. Nimmt er 3,57 %, sind dies noch 10.710 Euro. Und bei 1 % wären dies immer noch 3.000 Euro. 20.000 Euro Courtage für eine einfache Vermittlungstätigkeit sind eindeutig überzogen und nicht akzeptabel.

Wollen Sie den Weg zum eigenen Haus ohne Makler gehen, sollten Sie dann auch nur auf die Anzeigen in Zeitungen oder im Internet eingehen, die klar nicht von einem Makler stammen. Und umgekehrt können Sie natürlich auch selbst eine Anzeige schalten, in die Sie exakt das hineinschreiben, was Sie suchen, beispielsweise:

*„Junge Familie sucht Haus (5 Zimmer, ca. 120 m²) mit Garten im Großraum Köln von Privat an Privat. Bitte keine Maklerangebote. Tel.: …“*

**Immobilienangebote in Zeitungen bleiben eine Fundgrube**

Chiffreanzeigen können für den Anbietenden, der Ihnen unkompliziert antworten will, einen gewissen Aufwand darstellen, so dass er möglicherweise darauf verzichtet, Sie zu kontaktieren. Daher kann die Angabe einer Telefonnummer oder einer E-Mail-Adresse sinnvoll sein.

Seit dem Aufkommen von Immobilienbörsen im Internet werden die Immobilienseiten der regionalen Zeitungen stark unterschätzt. Dabei haben die meisten Zeitungen längst reagiert und bieten ihren Immobilienteil zur freien Recherche auch im Netz an. Ungeachtet zahlreicher Internet-Immobilienbörsen ist das regionale Angebot in den regionalen Zeitungen nach wie vor häufig noch das umfangreichste. Ferner will bei weitem nicht jeder Bilder seiner Immobilie und seine Daten im Internet sehen, sondern entscheidet sich eher für eine Chiffre-Anzeige in einem regionalen Blatt. Als Käufer sollten Sie daher in jedem Fall auch die regionalen Immobilienseiten im Blick haben.

**Im Internet aufpassen, ob Angebot von privat oder Makler kommt**

Bei Immobilienportalen im Internet müssen Sie aufpassen, ob Sie es mit Privatangeboten oder mit Maklerangeboten zu tun haben. Bei keinem der bekannten Portale kann man einfach per Mouseclick zwischen Privat- und Maklerangeboten trennen. Das ist leider extrem kundenunfreundlich und hat mit der Geschäftspolitik der Portale zu tun. Immobilienmakler erhalten dort – im Gegensatz zu

Verbrauchern – zumeist Paket- und Sonderkonditionen. Daher sind diese Netze voll mit Maklerangeboten. Im Grunde handelt es sich um Online-Maklerblättchen. Zusatzinformationen auf den Portalseiten sind zudem mit großer Vorsicht zu genießen. Teilweise sind sie schlicht falsch und nicht von Fachleuten erstellt und teilweise werden hier sogar Inhalte mit bezahltem Produktbezug erstellt.

Angebote aus dem Internet sollten Sie sich grundsätzlich mindestens ausdrucken oder sie anderweitig sichern. Anders als Zeitungsinserate ist das Internet flüchtig. Stand aber in einer Anzeige z.B. „Keine Maklercourtage" ist dies eine sehr wichtige Information, die Sie gut archivieren sollten, für den Fall, dass es genau darüber später Streit gibt und die Anzeige dann schon aus dem Netz verschwunden ist.

**Weitere Anbieter**

Neben Privatleuten und Maklern treten auch andere Anbieter am Markt auf. So z.B. Banken, Sparkassen und Volksbanken, aber auch Hauseigentümergemeinschaften wie z.B. Haus & Grund. Soweit diese Gesellschaften Maklerdienste anbieten, arbeiten sie üblicherweise mit den identischen Provisionssätzen wie die anderen Anbieter am Markt auch. Und auch bei diesen Anbietern kann es zu den benannten Interessengegensätzen kommen. Wenn Sie sich deren Angebote ansehen, achten Sie grundsätzlich darauf, ob eine Käuferprovision verlangt wird oder nicht. Das Angebot von Sparkassen und Volksbanken ist über die üblichen Immobilienportale meist nicht zu finden, sondern nur über deren eigene, mitunter auch regionale Internetseiten.

### Die Kommune

**Sie müssen an entsprechende Listen herankommen**

Kommunen haben mitunter einen großen Bestand an gebrauchten Immobilien. Diese werden allerdings nicht immer aktiv und progressiv verwaltet, sondern führen manchmal einen Dornröschenschlaf, der erst endet, wenn sich plötzlich ein ernsthafter Interessent für ein Objekt meldet, über dessen Verkauf bislang nicht nachgedacht wurde. Es ist als privater Interessent aber nicht einfach, an entsprechende Listen heranzukommen. Es kann allerdings sein, dass Ihnen vielleicht eine ältere Immobilie auffällt, über die Sie gerne Genaueres erfahren würden. Wenn Sie in Erfahrung bringen, dass diese Immobilie im Besitz der Kommune ist, sollten Sie Hartnäckigkeit und Geduld mitbringen, um hier weiterzukommen. Nutzen Sie diesbezüglich ruhig auch die Bürgersprechstunden der Bürgermeister.

### Partner beim Kauf von denkmalgeschützten Häusern

**Oft gibt es Denkmallisten**

Wenn Sie sich für den Kauf eines denkmalgeschützten Hauses interessieren, können für Sie als Ansprechpartner sowohl die Denkmalbehörden der Kommunen als auch die zuständigen Stellen bei den Regierungsbezirken, den Ländern und dem Bund in Frage kommen. Dort gibt es teilweise bereits Denkmallisten, auf denen alle zu veräußernden Objekte aufgelistet sind. Häufig werden Baudenkmäler veräußert, um sie dadurch vor dem Verfall zu schützen. Soweit die geplante Nutzung den Erhalt des Baudenkmals möglich macht, ohne es wesentlich zu verändern, sind die Denkmalbehörden für Gespräche offen.

## Hilfen für Ihre persönliche Bedarfsermittlung

Sie werden beim Suchen nach einer Immobilie schnell feststellen, dass nicht nur Sie auf der Suche nach einer Immobilie sind, sondern dass es ein Heer von Menschen um Sie herum gibt, die ebenfalls suchen. Im Fall des Falles wird es darauf ankommen, dass Sie sich sicher und schnell entscheiden können, ob die angebotene Immobilie für Sie in Frage kommt oder nicht. Grundsätzlich gibt es bei Ihrer Entscheidungsfindung drei wichtige Aspekte:

- die Rahmenbedingungen Ihrer Immobilienfinanzierung
- die Lage der Immobilie und Gebäudesubstanz und
- die rechtlichen Rahmenbedingungen und den Kaufvertrag für die Immobilie.

Drei wichtige Aspekte für die Entscheidungsfindung

**Rahmenbedingungen Ihrer Immobilienfinanzierung**

Ein gesicherter finanzieller Rahmen und ausreichend Eigenkapital ist für den Erwerb von Wohneigentum Voraussetzung. Wichtig ist hier, dass Sie sich nicht finanziell übernehmen und bereits beim Auftreten erster Nebenkosten oder dringend notwendiger Sanierungsmaßnahmen eine Finanzierungslücke auftritt. Wenn Sie Ihre persönlichen finanziellen Rahmenbedingungen abstecken, sollten Sie nicht nur an den Kaufpreis der Immobilie denken, sondern auch an alle Nebenkosten. Mit Maklergebühren, amtlichen Gebühren und evtl. schon gleich erforderlichen Sanierungsmaßnahmen kann diese zusätzliche Summe ganz schnell auf einen höheren fünfstelligen Betrag anwachsen. Halten Sie ausreichend Reserven zurück, in jedem Fall etwa 5 % der Kaufsumme des Objekts. Der Ratgeber „Die Baufinanzierung" der Verbraucherzentralen ist für den Einstieg in das Thema und eine erste Berechnung der eigenen Finanzierungsmöglichkeiten gut geeignet. Es ist sehr sinnvoll, vor den ersten Finanzierungsgesprächen mit einer Bank einen solchen Ratgeber gut durchzulesen.

Vergessen Sie nicht die Nebenkosten

**Tipp**

Lassen Sie sich für Ihre Hausfinanzierung in jedem Fall von mehreren Geldinstituten beraten und vergleichen Sie die Konditionen.

Mittlerweile gibt es auch im Internet zahlreiche Anbieter für Baufinanzierungen. Sie können sich hier einfach und schnell einen Überblick über die aktuellen Zinskonditionen verschaffen und diese in die Verhandlungen mit Ihrer

Überblick über aktuelle Zinskonditionen im Internet

Bank einbringen oder gegebenenfalls mit einem Internetanbieter finanzieren. Achten Sie in jedem Falle aber darauf, dass es sich um einen seriösen Anbieter handelt. Zu empfehlen sind die Seiten von www.finanztest.de und www.baufoerderer.de sowie www.baugeld-vergleich.de. Zu zinsgünstigen Krediten sollten Sie sich auch bei Ihrer Landesbank und der KfW-Förderbank (www.kfw-foerderbank.de) informieren. Die Verbraucherzentralen bieten regelmäßig Seminare und Einzelberatung zur Baufinanzierung an. Dort gibt es auch den Ratgeber zum Thema „Baufinanzierung" für 14,90 Euro (Adressen im Anhang).

### Lage der Immobilie und Gebäudesubstanz

**Das sollten Sie beachten:**

Bei den Überlegungen zum Standort Ihrer künftigen Immobilie sollten Sie die folgenden Punkte bedenken:

- Bei einer sehr entlegenen Immobilie werden zusätzlich zu dem Kaufpreis der Immobilie auch zukünftige Pendelkosten auf Sie zukommen.
- Bei einer Immobilie ohne Anschluss an den öffentlichen Nahverkehr müssen Sie bei jeder Gelegenheit und bei jedem noch so kleinen Anlass das Auto benutzen.
- Der Beliebtheitsgrad sowie die Wohn- und Lebensqualität eines Gemeinde- oder Stadtteils kann den Wiederverkaufswert einer Immobilie erheblich beeinflussen.
- Die Bebauung des Umfeldes der Immobilie beeinflusst den Wohnwert.

**Wichtige Fragen**

Steht die besichtigte Immobilie in einer homogenen, kleingliedrigen Umgebungsbebauung oder in einer sehr inhomogenen Umgebungsbebauung, wo Sie vielleicht riesige Wohnblocks direkt hinter dem Haus haben? Besteht eine Anbindung an Grünzüge und Natur? Gibt es Baustellen in der Nähe, Lärmbelästigung durch Straßenverkehr, Straßenbahnen etc. oder gar Fluglärm, weil sich eine Einflugschneise direkt über dem Wohngebiet befindet?

Stimmen die Dimensionen der Umfeldbebauung?

1

Sind große Straßen, Gewerbe oder Fabriken in der Nähe oder zukünftig geplant (Lärm, Abgase)? Gibt es sonstige Belastungen (z.B. Elektrosmog durch Hochspannungsleitungen u.Ä.)?

Sind Infrastruktureinrichtungen (Kindergärten, Schulen, Krankenhäuser, Ärzte, Apotheken, Lebensmittelläden, Bäcker, Post etc.) in der Nähe?

Gibt es Bodenbelastungen in der näheren Umgebung z.B. durch ehemalige Kasernengelände, Flugplätze, Fabriken, Tankstellen etc.?

Besteht die Gefahr von Bodensetzungen z.B. durch ehemalige unterirdische Bunkeranlagen, Grubenaktivitäten, Bergbau etc.?

Steht die Immobilie an einer riskanten Hanglage, die Sie im Winter unter Umständen nicht mehr erreichen können oder die die Gefahr von Erdrutschen birgt?

Veränderung der Umgebung durch Straßenneubau

Gibt es störende Gewerbeansiedlungen in der Nähe?

Flächenumwandlung – vom Flughafen zur Wohnbebauung

Wohnen unter Strom?

Viele Kaufwillige übersehen, dass für die Wahl der Immobilie nicht nur Zimmeranzahl, Aufteilung und Lage wichtig sind, sondern wesentlich auch die Bausubstanz, Konstruktionsart und technische Ausstattung. Sie würden nie ein Auto kaufen, ohne den Motor gesehen zu haben, bzw. eine Probefahrt unternommen zu haben, Häuser aber werden vielfach gekauft, ohne dass beispielsweise der Heizungskeller besichtigt, geschweige Heizung und Haustechnik überhaupt getestet wurden. Dies kann jedoch erhebliche Mehrkosten durch notwendige Sanierungen verursachen.

Klären Sie daher von vornherein nicht nur Ihre Raumbedürfnisse, sondern auch Ihre bau-, konstruktions- und haustechnischen Wünsche.

- Wünschen Sie z.B. ein Haus aus Holz oder Stein?
- Ziehen Sie ein Flachdach oder ein Steildach vor?
- Möchten Sie mit Öl, Gas, Holzpellets, Strom oder Fernwärme heizen?

**Charakteristische Bauwerksschwächen**

Da Sie nicht neu planen, müssen Sie sozusagen nehmen, was auf dem Markt erhältlich ist. Dies bedeutet für Sie, dass Sie sich auch mit den charakteristischen Bauwerksschwächen der einzelnen Baujahre auseinander setzen müssen, denn das Baujahr eines Hauses sagt viel über seine baukonstruktive Ausbildung und technische Ausstattung aus. Dies betrifft vor allem so fundamentale Dinge wie eine ausreichende Wärmedämmung oder einen guten Schallschutz. Im Kapitel 2 dieses Buches sind daher die verschiedenen Baujahre beginnend mit der Jahrhundertwende 1899/1900 und ihre typischen Schwächen aufgelistet.

Neben den rein technischen Dingen ist natürlich auch die Grundrissaufteilung/Funktionalität des von Ihnen gesuchten Hauses von entscheidender Bedeutung. Wichtig ist

## Checkliste für die Bedarfsermittlung

| Raum | Größe | Lage | Orientierung |
|---|---|---|---|
| Vorratsraum | z.B. 12 $m^2$ | z.B. Keller | z.B. Nord |
| Hobbyraum | | | |
| Werkkeller | | | |
| Fahrradkeller | | | |
| Heizungszentrale | | | |
| Archiv | | | |
| Sauna/Fitness | | | |
| Windfang | | | |
| Diele/Garderobe/Abstellraum | | | |
| Gäste-WC | | | |
| Küche | | | |
| Hauswirtschaft | | | |
| Esszimmer | | | |
| Wohnzimmer | | | |
| Arbeitszimmer | | | |
| Gästezimmer | | | |
| Elternbad | | | |
| Kinderbad | | | |
| WC | | | |
| Duschbad | | | |
| Schlafzimmer | | | |
| Ankleide | | | |
| Kinderzimmer 1 | | | |
| Kinderzimmer 2 | | | |
| Kinderzimmer 3 | | | |
| Kinderzimmer 4 | | | |
| Spielzimmer | | | |
| Studio/Lesen | | | |
| Gesamtfläche | | | |

auch hier, dass Sie klare Vorstellungen davon haben, wie viel Quadratmeter ihr neues Domizil haben soll und welche Räume für Sie unabdingbar sind. Wichtig ist auch, dass Sie nicht vergessen, zu überlegen, welche Möbel Sie haben und evtl. wo Sie diese in ihrem Haus unterbringen. Es ist also auch wichtig, Ihre gegenwärtige Wohnsituation genau zu analysieren. Dabei helfen Ihnen die folgenden Fragen:

**Analyse Ihrer gegenwärtigen Wohnsituation**

- Wie viel Quadratmeter Wohnfläche haben Sie zur Zeit?
- Wie sind diese aufgeteilt?
- Erscheinen Ihnen die Zimmer zu groß oder zu klein?
- Wäre ein zweites WC oder Duschbad notwendig?
- Haben Sie genug Abstellfläche?
- Wohnen Sie über ein oder über zwei Geschosse?
- Empfinden Sie dies als vor- oder nachteilig?

**Erstellen einer Bedarfsanalyse**

Erstellen Sie also eine genaue Bedarfsanalyse. Damit können Sie während des Suchprozesses aus einem riesigen Angebot sehr viel schneller und zielorientierter auswählen. Die Tabelle auf Seite 21 kann Ihnen hierbei behilflich sein.

Sie sollten auch einen Blick dafür behalten, dass Sie selbst und Ihre Familie in unterschiedlichen Lebensphasen unterschiedliche Anforderungen an das Haus stellen. So kann eine Einliegerwohnung einmal die Aufnahme der Großeltern ermöglichen oder die willkommene Unabhängigkeit für die Kinder bieten. Ein von den Wohnbereichen gänzlich abgetrenntes Treppenhaus wiederum kann den Vorteil haben, dass Sie dadurch von vornherein Teile des Hauses vermieten oder als Büro nutzen können etc.

Sie werden möglicherweise feststellen, dass es Ihr Traumhaus leider nicht gibt. Praktisch alles gibt es, nur genau das Haus, das Sie suchen, gibt es nicht.

Dies ist durchaus logisch, denn jedes Haus ist anderen baulichen Zwängen und architektonischen Geschmäckern unterworfen, und es hat daher auch keinen Sinn, nach der perfekten Immobilie zu suchen. Es ist sinnvoller, nach der realistischen Immobilie zu suchen, also einem Haus, das Ihren wesentlichen und wichtigsten Ansprüchen gerecht wird, aber sicher nicht allen Ansprüchen gerecht werden kann.

**Umbaumöglichkeiten prüfen**

Interessant ist es, wenn ein Gebäude durch einen Umbau den wechselnden Bedürfnissen angepasst werden kann. Solange keine größeren Eingriffe an tragenden Wänden oder Decken notwendig sind, ist dies häufig problemlos möglich. Gerade bei alten Gebäuden ist es jedoch nicht einfach, zwischen tragenden und nichttragenden Wänden zu unterscheiden, da auch tragende Wände nur ca. 14 cm dick sein können. Welche Fachleute für eine Beurteilung von Umbaumöglichkeiten in Frage kommen können, erfahren Sie in Kapitel 5.

Wichtig ist nicht zuletzt auch, welche Orientierung die Immobilie in Bezug auf die Himmelsrichtung hat. Im Osten haben Sie Morgensonne, im Süden haben Sie Nachmittagssonne und im Westen Abendsonne. Wohnräume sollten daher nach Möglichkeit nach Süden oder Westen orientiert sein.

### Rechtliche Rahmenbedingungen und Kaufvertrag für die Immobilie

Während Ihrer Immobiliensuche konzentrieren Sie sich auf die finanziellen und gebäudetechnischen Rahmenbedingungen. Die rechtlichen Rahmenbedingungen und der Kaufvertrag werden erst dann interessant für Sie, wenn Sie wirklich zum Kauf entschlossen sind. Erst dann werden Sie in konkrete Verkaufsgespräche inklusive Vertragsgestaltung eintreten. Hilfen zur Vertragsgestaltung finden Sie aus diesem Grund im letzten Kapitel dieses Buches.

# Kapitel 2
# Baujahre und ihre charakteristischen Merkmale

**Typische bauliche Probleme**

Das Baujahr eines Hauses sagt viel über seine möglichen baulichen Probleme (wie z.B. nicht vorhandenen Trittschallschutz) aus. Es ist gut, wenn Sie im Vorfeld zu einem Kaufvorhaben eine gewisse Sensibilität für diese Tatsache entwickeln. Sie werden die Ihnen angebotenen Häuser dann hinsichtlich ihrer Bauqualität schneller einschätzen können. Nicht vergessen werden darf dabei auch, dass es sich bei vielen angebotenen Häusern um „Oldtimer" im Sinne des Wortes handelt.

Wenn wir heute Straßenbilder z.B. aus den 1960er Jahren sehen, erkennen wir diese weniger an den Bebauungsformen wieder, als an den darauf abgelichteten Fahrzeugen oder der zeittypischen Kleidung der Menschen. Über Autos und Kleidung schmunzeln wir dann mitunter, aber in dem Haus im Hintergrund leben die Freunde oder Verwandten noch immer. Wir begreifen diese Häuser oft gar nicht als das, was sie eigentlich sind, nämlich als – wie erwähnt – Oldtimer. Dies ist aber eine Sichtweise, die beim Hauskauf Gefahren birgt.

**Hinweis auf verwendete Baustoffe**

Die einzelnen Baujahre der Häuser geben Hinweise darauf, in welcher Weise und mit welchen Baustoffen das Haus errichtet wurde. In diesem Zusammenhang ist es auch wichtig zu wissen, dass viele wissenschaftliche Erkenntnisse auch im Baubereich nicht unmittelbar nach ihrer Entdeckung sofort in die Baupraxis einflossen. Das Problem des Wärmeverlustes nicht gedämmter Körper war z.B. Jahrzehnte bekannt, bevor es in der Baupraxis durchgängig beachtet wurde. Erst etwa ab den 1960er Jahren wurde der Brand-, Schall- und Wärmeschutz sowie der Feuchteschutz im Keller beim Bauen berücksichtigt. Und noch etwa bis zu Beginn der 1980er Jahre wurden vermeidbare Baufehler gemacht, wie beispielsweise die undichten Flachdächer der 1960er und 1970er Jahre. Außerdem wurden noch bis in die 1980er Jahre hinein viele heute als problematisch eingestufte Baustoffe verwendet (z.B. Pressspanplatten als Wandverkleidung mit Inhaltsstoffen wie Formaldehyd, Asbestzementplatten im Trockenbau, Verwendung gefährlicher Lösungsmittel zur Holzimprägnierung).

Erst ab den 1960er Jahren erhielt die Bauphysik (Schallschutz, Wärmedämmung, Feuchteschutz) den ihr gebührenden Platz im Hausbau und erst ca. ab den 1980er Jahren fand dann auch die kritische Betrachtung der Bauchemie (Schadstoffe wie Asbest, Holzschutzmittel, PCB etc.) im Sinne des Verbraucherschutzes nachhaltige Berücksichtigung im Hausbau. Es wäre aber falsch zu behaupten, dass alle Bauten, die vorher erstellt wurden, nun chemisch verseucht sind. Dies ist schon deswegen nicht der Fall, weil die industrielle Chemie bis zum Beginn der 1950er Jahre noch in den Kinderschuhen steckte. Erst mit deren Boom auch auf dem Baustoffmarkt begann der relativ unkontrollierte Einsatz mitunter zweifelhafter Materialien und Baustoffe im Hausbau. So treten die schwerwiegendsten chemischen Probleme bei Häusern aus den 1950er, 1960er und 1970er Jahren auf, während die schwerwiegendsten bauphysikalischen Probleme bei Häusern aus den 1920er, 1930er, 1940er und 1950er Jahren auftreten.

**Zwischenzeitliche Sanierung und Modernisierung**

Viele Häuser dieser Baujahre wurden jedoch zwischenzeitlich saniert und modernisiert. Die Gebäude können längst einen Vollwärmeschutz erhalten haben, neue Fenster und Türen, einen neuen Bodenaufbau mit Trittschallschutz, eine Zentralheizung, ein neues Dach und anderes mehr. Derartige Sanierungen können aber eine Beurteilung der Bausubstanz schwieriger machen, denn je nachdem, wann die Arbeiten durchgeführt wurden, müssen zusätzlich mögliche Baustoff- und Konstruktionsprobleme aus diesen Baujahren berücksichtigt werden. So können sich in einem Gebäude aus dem Jahr 1925, das im Jahr 1975 saniert und modernisiert wurde, gesundheitsgefährdende Substanzen befinden. Außerdem wird die Modernisierung selbst nicht mehr zeitgemäß sein, so dass bei einer Modernisierung heute ggf. sogar zusätzliche Kosten entstehen, weil z.B. altes Dämmmaterial und Fassadenverkleidungen zunächst entfernt und entsorgt werden müssen.

Haus Originalzustand

Haus gedämmt

Bei der Besichtigung solcher Häuser sollten Sie also unbedingt klären, ob die im Folgenden aufgeführten häufigsten Bauschwächen der entsprechenden Baujahre zwischenzeitlich saniert wurden.

**Tipp**

Lassen Sie sich vor einer Kaufentscheidung alle Sanierungsmaßnahmen über Handwerkerrechnungen belegen. Dann können Sie bei den betreffenden Handwerksbetrieben nachfragen, was auf welche Weise saniert wurde.

## Baujahre bis 1920

Die Baujahre bis 1920 waren geprägt von der Idee des Bauens als Kunsthandwerk für die vermögenden Stände oder aber als schlichtes Obdach für die ärmeren Schichten. Dementsprechend gibt es bis heute aus dieser Zeit zahlreiche Villen und Stadtpalais und daneben Bauern- und Handwerkerhäuser in sehr viel sparsamerem Zuschnitt. Erst mit der durchgreifenden Industrialisierung nach dem Ersten Weltkrieg und den Ideen des Bauhauses begann sich ein sozialer Wohnungsbau zu entwickeln, mit neuen Gebäudezuschnitten und Fassaden.

**Bauphysik spielte keine Rolle**

Das Thema Bauphysik spielte zu dieser Zeit praktisch keine Rolle. Im Vordergrund standen eher Ästhetik- und Repräsentationsfragen. Das heißt für Sie konkret, dass der Bereich Haustechnik (Heizung, Wasser, Abwasser, Elektroinstallation etc.) sowie die Bereiche Wärmeschutz, Schallschutz, Kellerdichtung etc. bei Gebäuden aus dieser Zeit praktisch keine bauliche Berücksichtigung gefunden haben. Häuser aus dieser Zeit gewinnen ihren Wert eher durch die großzügige Raumaufteilung oder die kunsthandwerklichen Fassaden und weniger durch vorbildliche Bauphysik.

Typisches Gebäude der Jahre 1900 bis 1920

Die häufigsten Konstruktionsweisen der Häuser bis 1920 sind Bruchsteinmauerwerkskeller, mitunter gänzlich ohne Fundamentboden, darüber eine Gewölbekellerdecke, und die weiteren Geschosszwischendecken sind dann entweder aus Holz oder aus Ziegelbetonsteinen.

Meist üppiger Holzdachstuhl ohne Dämmung

Das Dach ist meistens ein üppiger Holzdachstuhl ohne jede Dämmung, oft auch ohne unterlegte Dachbahnen etc. Die Treppenhäuser sind nicht selten ebenfalls aus Holz. Die Geschossanzahl übersteigt selten fünf bis sechs Geschosse. Die Haustechnik ist meist äußerst dürftig, d.h. Rohre, Leitungen und Kabel liegen in der Regel immer „auf Putz“, sanitäre Badezimmeranschlüsse sind meist nachgerüstet, da bei Erbauung nicht selten das WC im Treppenhaus war und die Küche in der Wohnung die einzigen Wasseranschlüsse hatte. Die Heizung ist sehr oft eine Wohnungsheizung gewesen, z.B. über eine zentrale Kohlefeuerung im Flur, die alle übrigen Räume mitversorgt hat, teilweise auch über Schachtsysteme. Die Zimmer sind meistens nur mit der allernotwendigsten elektrischen Versorgung ausgestattet, das heißt maximal ein Stecker und ein Schalter pro Zimmer. Manchmal sind diese Häuser jedoch grundsaniert, bzw. sie wurden bei Kriegszerstörung mit einem anderen Komfort wieder aufgebaut.

- Kellerfundamente und Wände ohne ausreichende Abdichtung
- (vor allem Keller-)Wände aus Bruchstein
- verrostete Stahlträger in Decken oder Gewölbekellern
- veraltete und vielfach längst korrodierte Sanitärinstallationen
- undichte Gasleitungen
- veraltete, sehr oft dezentral (raumweise) ausgelegte Heizungssysteme mit veraltetem und für moderne Feuerungsanlagen falsch dimensioniertem Rauchabzugssystem
- veraltete Elektroinstallation
- veraltete Geschossdeckenausbildung in Holz (im Bereich der Außenwände oder Nassräume mitunter von Feuchte und Fäulnis befallen)
- veraltete Geschossdeckenausbildung in Ziegel-Betonstein
- ungedämmte Dachstühle
- fehlender Schallschutz (an Türen, Treppen, Zwischendecken etc.)
- fehlender Wärmeschutz
- fehlender Brandschutz (z.B. durch nicht vorhandene Brandschutztüren oder fehlende Anfahrmöglichkeiten für die Feuerwehren)
- undichte Holzfenster mit Einscheibenverglasung

**Die häufigsten Baustoff- und Konstruktionsprobleme**

## Die 1920er bis 1940er Baujahre

**Das Bauhaus sorgte für neue Architekturformen**

Dies ist die Zeit, in der in Deutschland u.a. das Bauhaus zunächst in Weimar und dann in Dessau für teilweise völlig neue Architekturformen sorgte. Aber auch die industrielle Baustoffherstellung sorgte für neue Möglichkeiten. In Amerika kam es zum Bau der ersten Wolkenkratzer. Neben der in dieser Zeit zunehmend entdeckten technischen Möglichkeit des Bauens mit Stahl und Glas, von der aber der Einfamilienhausbau weitestgehend ausgenommen blieb, gab es neue Ansätze des Bauens praktisch nur im ästhetisch-architektonischen Bereich, aber kaum irgendwo im Bereich der Bauphysik. Im Gegenteil wurden aufgrund des Experimentierens mit teils neuen Materialien viele Baufehler gemacht.

**Typisches Gebäude der 20er bis 40er Jahre**

Auch bei Gebäuden aus dieser Zeit können Sie kaum mit Bauweisen oder Details rechnen, die bauphysikalisch den heutigen Erkenntnissen entsprechen.

**Erstmals sozialer Wohnungsbau**

Ab ca. 1920 gab es erstmals sozialen Wohnungsbau, bei dem die Räume insgesamt kleiner und niedriger wurden. Sie wurden häufig nur nach der unbedingt notwendigen

Funktion ausgelegt. So entstanden in der Römersiedlung in Frankfurt am Main erstmals Einbauküchen, die später weltbekannte „Frankfurter Küche“, die aber sehr klein ist und nur für den funktionalen Kochvorgang ausgelegt war, nicht für gemütliches Zusammensitzen, wie man es aus größeren Wohnküchen der Gründerzeit kennt. In diesen Baujahren finden sich auch erste Keller mit Betonfundament und auch Betonzwischendecken. Das Außenmauerwerk war zumeist noch dick, aber einschalig aufgemauert. Die Dächer waren weniger voluminös, mitunter wurden sie sogar gänzlich durch Flachdächer ersetzt. Die Treppenläufe waren mehr und mehr durchgängig aus Stein. Auch hier überstieg die Geschossanzahl selten die Marke von 5 bis 6. Das Badezimmer hielt Einzug in die Wohnungen. Auch das WC fand sich nun zunehmend in der Wohnung selbst und nicht mehr im Treppenhaus und wurde nicht selten kurzerhand mit dem Bad in einem Raum zusammengelegt. Rohrleitungen waren zumeist noch „auf Putz“ verlegt. Die Wohnungen wurden teilweise erstmals zimmerweise beheizt, über kleine Kohle- bzw. Ölöfen. Die Elektroausstattung erreichte ebenfalls alle Räume. Der Balkon bzw. die Loggia als Bauform tauchte erstmals nutzergerecht auf, das heißt sie war auch wirklich nutzbar, weil sie groß genug ist, um z.B. einen Liegestuhl oder einen Tisch mit Stühlen aufzustellen.

**ZImmerweise Beheizung**

**Die häufigsten Baustoff- und Konstruktionsprobleme**

- Kellerfundamente und Wände ohne ausreichende Abdichtung
- (vor allem Keller-)Wände aus Bruchstein
- veraltete und vielfach längst korrodierte Sanitärinstallationen
- undichte Gasleitungen

- veraltete, sehr oft dezentral (raumweise) ausgelegte Heizungssysteme mit veraltetem und für moderne Feuerungsanlagen falsch dimensioniertem Rauchabzugssystem
- veraltete Elektroinstallation
- veraltete Geschossdeckenausbildung in Holz (im Bereich der Außenwände und Nassräume mitunter von Feuchte und Fäulnis befallen)
- veraltete Geschossdeckenausbildung in Ziegel-Betonstein
- Flachdächer mit vielfach fehlerhafter Ausführung
- ungedämmte Dachstühle
- fehlender Schallschutz (an Türen, Treppen, Zwischendecken etc.)
- fehlender Wärmeschutz
- fehlender Brandschutz (z.B. durch nicht vorhandene Brandschutztüren oder fehlende Anfahrmöglichkeiten für die Feuerwehren)
- undichte Holzfenster mit Einscheibenverglasung

## Die 1950er Baujahre

**Geprägt von Materialmangel**

Die Zeit unmittelbar nach dem Zweiten Weltkrieg war geprägt von Gebäuden, die schnell und ohne große Materialverfügbarkeiten wiederaufgebaut werden mussten. Auch bei diesen Gebäuden findet sich außer der Statik kaum irgendwo eine an bauphysikalischen Erkenntnissen ausgerichtete Planung und Ausführung. Oft war hier die Not der Stunde der eigentliche Architekt.

Typisches Gebäude der 50er Jahre

2

Wände aus Ziegelsplitterbeton

Aus diesem Grund wurde als Baustoff auch verwandt, was zu finden war, häufig natürlich Schutt. Keller erhielten einfache Betonfundamente, Wände wurden nicht selten aus Ziegelsplitterbeton gefertigt, Zwischendecken waren entweder aus Ziegelbetonstein oder aus Kiesbeton. Die Dachstühle waren oft sehr einfache Holzdachstühle mit direkter Ziegelauflage. Die Treppenhäuser wurden betoniert und zumeist mit einfachem Naturstein belegt. Die Geschossanzahl überstieg noch immer selten fünf bis sechs Geschosse. Die Sanitärversorgung mit Rohren und Anschlüssen lag meist noch „auf Putz“. Einzelne Gasöfen in den Zimmern wurden über ein zentrales Leitungssystem mit Gas versorgt. Die Elektroversorgung wurde manchmal kreuz und quer über die Wände verlegt und nach wie vor sparsam ausgelegt. Die Gasheizung fand Einzug in den Wohnungsbau.

Berücksichtigung bauphysikalischer Erkenntnisse

In den späten 1950er Jahren, mit dem wirtschaftlichen Aufschwung in Westdeutschland, kam es dann zu ersten auch bauphysikalisch neuen Schritten im Hausbau: Beton wurde stärker eingesetzt, erste Zentralheizungen entstanden und auch erste Schalldämmmaßnahmen wurden ausgeführt. Badezimmer waren ab dieser Zeit in allen Wohnungen vorhanden.

**Die häufigsten Baustoff- und Konstruktionsprobleme**

- Kellerfundamente und Wände ohne ausreichende Abdichtung
- (vor allem Keller-)Wände aus Bruchstein
- veraltete und vielfach längst korrodierte Sanitärinstallationen
- veraltete, sehr oft dezentral (raumweise) ausgelegte Heizungssysteme mit veraltetem und für moderne Feuerungsanlagen falsch dimensioniertem Rauchabzugssystem
- veraltete Elektroinstallation
- veraltete Geschossdeckenausbildung in Holz (im Bereich der Außenwände oder Nassräume mitunter von Feuchte und Fäulnis befallen)
- Geschossdeckenausbildung in Ziegel-Betonstein
- ungedämmte Dachstühle
- Flachdächer mit vielfach fehlerhafter Ausführung
- Einsatz von ölhaltigen Anstrichen, vornehmlich in Bädern und Küchen
- Einsatz teerhaltiger Baustoffe (z.B. als Parkettkleber)
- Einsatz von Asbest (z.B. bei Asbestzementplatten im Trockenbau)
- Einsatz von Mineralwolle (z.B. bei Dachdämmungen), deren Faserlängen und -dicken zu klein und damit lungengängig sind.
- Einsatz von formaldehydhaltigen Holzbauteilen

- Einsatz von gesundheitsgefährdenden Holzschutzmitteln (z.B. zur Behandlung von Holzverkleidungen an Decken und Wänden)
- fehlender Schallschutz (an Türen, Treppen, Zwischendecken etc.)
- fehlender Wärmeschutz
- fehlender Brandschutz (z.B. durch nicht vorhandene Brandschutztüren oder fehlende Anfahrmöglichkeiten für die Feuerwehren)
- undichte Holzfenster mit Einscheibenverglasung



## Die 1960er bis 1970er Baujahre

**Der Siegeszug des Betons**

Die 1960er Jahre bedeuteten einen entscheidenden Wendepunkt in der Baukultur Westdeutschlands. Der Siegeszug des Betons begann. Das Flachdach wurde zu einer bestimmenden Bauform, die Gebäudekomplexe wurden erheblich umfangreicher und größer. Große Einkaufszentren und Parkhäuser entstanden.

Im Einfamilienhausbereich wurde der Bungalow zu einer beliebten Bauform. Beton hielt auch hier Einzug und wurde insbesondere im Kellerbereich eingesetzt. Auch erste Kellerdrainagen wurden gelegt. Aber auch Haustechnik und Bauphysik erfuhren hinsichtlich Schallschutz, Wärmedämmung und Klima- bzw. Heizungsinstallation erstmals Beachtung und wurden bundesweit angewandt.

**Verbesserung des Schallschutzes**

Die 1970er Jahre setzten den Bauboom der 1960er Jahre fort. Schallschutz und technische Ausrüstung der Gebäude wurden weiter verbessert. Hauptenergieträger war jetzt nicht mehr, wie in den 1950er Jahren, die Kohleheizung, sondern die Ölheizung. Während der großen Ölkrise 1974 begann ein langsames Umdenken. Die Gasversorgung wurde vorangetrieben, aber auch erste Überlegungen zur Fernwärmeversorgung wurden angestellt.

Typisches Gebäude der 60er bis 70er Jahre

Fertighäuser kamen Zug um Zug auf den Markt und boten erstmals eine völlig neue Möglichkeit des Einfamilienhausbaus.

Wohnraumfabrikation, nicht Wohnqualität

In Ostdeutschland wurde in dieser Zeit der Plattenbau vorangetrieben, der von einer schlechten Bauqualität hinsichtlich Haustechnik und Bauphysik war. Im Vordergrund stand der Gedanke der Wohnraumfabrikation, nicht der Gedanke der Wohnqualität.

Im Einfamilienhausbereich blieben viele Häuser in staatlichem Besitz. Aufgrund der schwierigen ökonomischen Verhältnisse wurden viele Altbauten zwar nicht durch Neubauten ersetzt, allerdings wurden kaum Modernisierungs- oder gar Sanierungsmaßnahmen durchgeführt. Dies führte zu einem flächendeckenden Verfall der Gebäudesubstanz in ganz Ostdeutschland.

- eher selten Kellerfundamente und Wände ohne ausreichende Abdichtung
- mitunter bereits gealterte und korrodierte Sanitärinstallationen
- mitunter gealterte Heizungssysteme
- mitunter gealterte Elektroinstallation
- Flachdächer mit vielfach fehlerhafter Ausführung
- ungedämmte Dachstühle
- Einsatz teerhaltiger Baustoffe (z.B. als Parkettkleber)
- Einsatz von Asbest (z.B. bei Asbestzementplatten im Trockenbau)
- Einsatz von Mineralwolle (z.B. bei Dachdämmungen), deren Faserlängen und -dicken zu klein und damit lungengängig sind
- Einsatz von formaldehydhaltigen Holzbauteilen, z.B. bei Fertighäusern
- Einsatz von gesundheitsgefährdenden Holzschutzmitteln (z.B. zur Behandlung von Holzverkleidungen an Decken und Wänden)
- mitunter noch nicht vollständiger Schallschutz (an Türen, Treppen, Zwischendecken, Innenwänden etc.)
- oft noch fehlender Wärmeschutz
- eher selten fehlender Brandschutz (z.B. durch nicht vorhandene Brandschutztüren oder Anfahrmöglichkeiten für die Feuerwehren)
- undichte Holzfenster mit Einscheibenverglasung

## Die 1980er Baujahre bis heute

**Orientierung an ökologischen Gesichtspunkten**

Die 1980er Jahre markieren im Baubereich nochmals einen entscheidenden Einschnitt. Man wandte sich von den oft sehr klobigen Betonbauten der 1960er und 1970er Jahre teilweise ab und betrieb eher wieder eine „menschliche" Architektur, die aber auch Haustechnik und Bauphysik zu einem ganz wesentlichen Bestandteil der Planung machte. Man orientierte sich hier erstmals auch an ökologischen Sichtweisen bezüglich Materialwahl und Konstruktion. Niedrigenergiehausbauweisen setzten sich gegen Ende der 1980er Jahre ebenso durch, wie in den 1990ern die Verbreitung von Passivhäusern begann. In der Haustechnik kamen erstmals Solarmodule zum Einsatz. Im Bürobau wurden „intelligente Fassaden" entwickelt, die selbstständig auf Außenklima und -temperatur reagieren.

Für das 21. Jahrhundert werden vollkommen neue Haustechniken prognostiziert, so u.a. der Einsatz von Brennstoffzellen zur Raumheizung und neue Kommunikationstechnologien, mit denen es möglich sein soll, auch von einem fernen Urlaubsort aus das eigene Haus rund um die Uhr zu steuern und zu überwachen.

**Typisches Gebäude der 80er Jahre bis heute**

- teilweise bereits gealterte und korrodierte Sanitärinstallationen
- teilweise Einsatz von Asbest (z.B. bei Asbestzementplatten im Trockenbau)
- teilweise Einsatz von Mineralwolle (z.B. bei Dachdämmungen), deren Faserlängen und -dicken zu klein und damit lungengängig sind
- teilweise Einsatz von formaldehydhaltigen Holzbauteilen
- teilweise Einsatz von gefährlichen Holzschutzmitteln (z.B. zur Behandlung von Holzverkleidungen an Decken und Wänden)

**Richtige Einordnung des Objekts**

Die oben genannten Charakteristika zu den einzelnen Baujahren sollen Ihnen helfen, das Objekt, das Sie besichtigen, richtig einzuordnen. Sie sollten bei Hausbesichtigungen immer nach dem Baujahr fragen und sich dies auch durch Vorlage z.B. der Baueingabepläne bestätigen lassen, ebenso nach dem Durchführungsjahr von Sanierungen.

Da Ihnen der Makler oder Verkäufer nur ungern die Mängel des Hauses von sich aus verraten wird, ist das Erfragen von neu eingesetzten Bauteilen oder Reparaturen ein positiver Weg, um darüber auf vorhandene Mängel zu schließen.

## Tipp

Fragen Sie nicht, was in den letzten Jahren alles kaputtging. Fragen Sie besser, was in den letzten Jahren alles saniert worden ist. Das hört sich positiver an und wird vermutlich mit höherer Auskunftsfreude beschieden werden.

# Kapitel 3
# Gesetzliche Bestimmungen zu Emission und Energiebedarf

**Als Erwerber der Immobilie sind Sie in der Pflicht**

Wenn Sie ein gebrauchtes Haus erwerben, müssen Sie wichtige Bestimmungen zu Energieverbrauch und zulässigen Emissionen eines Hauses beachten. Sie sind als Erwerber einer Immobilie von Gesetzes wegen verpflichtet, diese Bestimmungen einzuhalten. Tun Sie es nicht, begehen Sie eine Ordnungswidrigkeit, die mit Bußgeld geahndet werden kann. In den zurückliegenden Jahren sind vor allem zwei gesetzliche Bestimmungen zu Emission und Energieverbrauch von Häusern in Kraft getreten, die teilweise gerade dann greifen, wenn es zu einem Besitzerwechsel der Immobilie kommt. Es handelt sich hierbei um die 1. Bundes-Immissionsschutzverordnung (1. BImSchV), auch „Kleinfeuerungsverordnung" genannt, und die Energieeinsparverordnung (EnEV).

## Die 1. Bundes-Immissionsschutz-verordnung (1. BImSchV)

**„Schutz vor schädlichen Umwelteinwirkungen"**

Die 1. Bundes-Immissionsschutzverordnung basiert auf dem Bundes-Immissionsschutzgesetz, wörtlich dem „Gesetz zum Schutz vor schädlichen Umwelteinwirkungen durch Luftverunreinigungen, Geräusche, Erschütterungen und ähnliche Vorgänge", das bereits 1974 in Kraft trat. Aufbauend auf diesem Gesetz wurden verschiedene Durchführungsverordnungen erlassen. Die „Erste Verordnung zur Durchführung des Bundes-Immissionsschutzgesetzes" (1. BImSchV) wurde bereits 1975 erlassen, zwischenzeitlich mehrfach novelliert und enthält aktuell 28 Paragraphen.

Wenn Sie ein gebrauchtes Haus kaufen, ist es wichtig, dass Sie sich beim Vorbesitzer darüber informieren, ob für das betreffende Haus und dessen Heizungsanlage alle Vorschriften aus der letzten Novellierung der 1. BImSchV vollumfänglich eingehalten werden. Der Vorbesitzer des Hauses ist gemäß 1. BImSchV § 15 zu entsprechenden

Kontrollmessungen verpflichtet, ansonsten begeht er eine Ordnungswidrigkeit. Vorgenommen werden diese Kontrollmessungen jährlich durch den örtlichen Schornsteinfeger. Dieser ist gemäß 1. BImSchV verpflichtet, hierüber ein Protokoll anzufertigen. Sie können sich diese Protokolle zeigen oder sich auch Kopien aushändigen lassen. Sollten die Protokolle nicht mehr vorhanden sein, kann auch ein Telefonat mit dem zuständigen Schornsteinfegermeister weiterhelfen. Dessen Adresse hat der Hausbesitzer sicher.

**Lassen Sie sich die Protokolle zeigen**

Wichtig für Sie als Käufer eines gebrauchten Hauses sind vor allem der § 10 sowie die §§ 25 und 26 der 1. BImSchV:

Der § 10 regelt unter anderem, welche Rußzahl im Abgas von Kleinfeuerungsanlagen vorhanden sein darf, dass das Nichtvorhandensein von Ölderivaten im Abgas sichergestellt sein muss und welche Abgasverlustgrenzwerte (» Glossar, Seite 46) eingehalten werden müssen. Diese Grenzwerte für die Abgasverluste der verschiedenen Anlagen sind nach Nennwärmeleistung (in Kilowatt) (» Glossar, Seite 46) geordnet.

§§ 25 und 26 regeln Grenzwerte für Feuerungsanlagen mit festen Brennstoffen.

§ 10 der 1. BImSchV bestimmt folgende Abgasverlustgrenzwerte für Öl- und Gasfeuerungsanlagen:

| Nennwärmeleistung der Anlage in kW | Abgasverlustgrenzwert bei Einstufungsmessung |
|---|---|
| über 4 bis 25 | max. 11 % |
| über 25 bis 50 | max. 10 % |
| über 50 | max. 9 % |

## Glossar

**Nennwärmeleistung**

Ein zentrales Anliegen der novellierten 1. BImSchV von 2010 ist, dass auch Feuerungsanlagen, die mit festen Brennstoffen betrieben werden, besser erfasst werden. Das sind vor allem zentrale oder dezentrale Scheitholzöfen und Holzpelletsöfen. Diese sind immer häufiger in Bestandsgebäuden zu finden und verursachen sehr große Mengen an Feinstaub. Daher sind die Regelungen aus der 1. BImSchV zu diesen Anlagen auch für Hauskäufer wichtig, die eine solche Anlage übernehmen.

**Grenzwerte für zentrale Feuerungsanlagen für feste Brennstoffe**

Die 1. BImSchV unterscheidet hier zwischen Feuerungsanlagen (zentral installierte Anlagen nach § 25) und Einzelraumfeuerungsanlagen (raumweise installierte Anlagen nach § 26). Zentrale Feuerungsanlagen für Festbrennstoffe können z.B. Scheitholz- oder Holzpelletsbrenner sein. Diese dürfen nur weiterbetrieben werden, wenn sie zu einem bestimmten Zeitpunkt bestimmte Emissionsgrenzwerte für Festbrennstoffe einhalten. Folgende Grenzwerte für die nachfolgenden Festbrennstoffe mit einer Nennwärmeleistung von 4 bis 400 Kilowatt wurden festgelegt:

| Festbrennstoff | Staub in Gramm pro Kubikmeter ($g/m^3$) | Kohlenstoffmonoxid (CO) in Gramm pro Kubikmeter ($g/m^3$) |
|---|---|---|
| Steinkohle und Braunkohle | 0,09 | 1,0 |
| Holscheite | 0,10 | 1,0 |
| Holzpresslinge/ Holzpellets | 0,06 | 0,8 |

Diese Grenzwerte müssen zu den nachfolgenden Zeitpunkten erreicht werden, in Abhängigkeit zum Zeitpunkt der Anlageninstallation:

| Zeitpunkt der Anlageninstallation | Spätester Zeitpunkt der Einhaltung der Grenzwerte |
|---|---|
| Bis einschließlich 31.12.1994 | 01.01.2015 |
| Vom 01.01.1995 bis einschließlich 31.12.2004 | 01.01.2019 |
| Vom 01.01.2005 bis einschließlich Inkraftreten der novellierten 1. BImSchV (Anfang 2010) | 01.01.2025 |

**Regelungen und Grenzwerte für Einzelöfen**

§ 26 der novellierten 1. BImSchV regelt die Einzelraumfeuerungsanlagen für Festbrennstoffe. Hier gibt es allerdings viele Ausnahmen. Grundsätzlich nicht darunter fallen z.B. alle Einzelöfen, die vor dem Jahr 1950 installiert wurden. Auch nicht darunter fallen solche Öfen, die die Wärmeversorgung eines Raumes ausschließlich und alleine übernehmen. Ferner fallen darunter nicht offene Kamine oder fest eingemauerte Kachelöfen. Man fragt sich, was bleibt da noch übrig? Übrig bleiben vor allem die immer beliebter werdenden und im Volksmund gerne so genannten „Schwedenöfen". Diese sind meist aus Metall gefertigt, mit Holzscheit- oder auch Holzpelletsverbrennung, in der Regel hinter einer Glasscheibe. Sie sind in sehr vielen Häusern nachträglich eingebaut worden und dienen nicht ausschließlich der Wärmeproduktion, sondern auch dem Wohnkomfort und der Behaglichkeit. Solche Einzelöfen, die vor Inkrafttreten der novellierten 1. BImSchV Anfang 2010 installiert wurden, dürfen nur weiterbetreiben werden, wenn Sie die folgenden Grenzwerte in ihren Abgasen nicht überschreiten:

| | |
|---|---|
| Staub: | 0,15 Gramm pro Kubikmeter ($g/m^3$) |
| Kohlenmonoxid (CO): | 4 Gramm pro Kubikmeter ($g/m^3$) |

Der Nachweis zur Einhaltung der Grenzwerte kann entweder erbracht werden durch die Vorlage einer Prüfstandsbescheinigung des Einzelofenherstellers. Eine solche finden Sie möglicherweise in den Unterlagen zum Ofenkauf des Hausbesitzers. Oder aber die Einhaltung der Grenzwerte ist mittels einer Messung durch einen Schornsteinfeger nachzuweisen. Falls ein solcher Nachweis nicht bis zum 31. Dezember 2013 erbracht werden kann, gilt das Datum auf dem Typenschild des Ofens als Richtschnur für die Außerbetriebnahme der Anlage oder aber für die Nachrüstung mit einer Filteranlage:

| Datum auf dem Typenschild | Spätester Zeitpunkt der Außerbetriebnahme oder der Nachrüstung |
|---|---|
| Bis einschließlich 31.121974 oder aber bei einem nicht mehr feststellbaren Datum | 31.12.2014 |
| 01.01.1975 bis 31.12.1984 | 31.12.2017 |
| 01.01.1985 bis 31.12.1994 | 31.12.2020 |
| 01.01.1995 bis zum Inkraftreten der novellierten 1. BImSchV Anfang 2010 | 31.12.2024 |

Für danach installierte Anlagen gelten dann ohnehin strengere Bestimmungen für Neuinstallationen. Kaufen Sie also ein Haus, in dem ein „Schwedenofen“ installiert ist, lohnt zumindest ein Blick auf das Datum des Typenschilds des Ofens.

Kaufen Sie ein Haus mit Einzelraumöfen, z.B. Gasöfen, die einzeln in den Räumen zur Beheizung derselben installiert sind, müssen Sie sich bezüglich der Konsequenzen aus der 1. BImSchV keine weitere Gedanken machen. Diese Öfen können Sie weiter betreiben. Genauso einen offenen Kamin oder einen fest eingebauten Kachelofen.



Kaufen Sie ein Haus mit einer Öl- oder Gaszentralheizung, müssen die allgemeinen Abgasverlustgrenzwerte aus der 1. BImSchV eingehalten werden. Hierzu kann das letzte Schornsteinfegerprotokoll Auskunft geben.

**Das sollten Sie im Kaufvertrag festhalten**

Sie können überlegen, im Kaufvertrag eine Formulierung aufzunehmen, dass das von Ihnen zu erwerbende Haus zum Zeitpunkt des Verkaufs alle von der bei Kaufvertragsabschluss aktuellsten Fassung der 1. BImSchV geforderten Abgasverlustgrenzwerte einhält. Sie können sich dann im Kaufvertrag auch eine Reduktion des Kaufpreises vorbehalten, falls sich herausstellt, dass die entsprechende 1. BImSchV nicht eingehalten wird. Im Prinzip lässt sich für diesen Fall auch eine Wandlung (Rückabwicklung) vereinbaren; da es jedoch höchstens um den Austausch der bestehenden Heizungsanlage geht, ist eine Preisreduktion in Höhe der für einen Ersatz anfallenden Kosten, für den Fall, dass falsche Angaben gemacht wurden, in der Regel verhältnismäßiger und erspart Ihnen eine neuerliche Haussuche. Mit dem möglichen Reduktionsbetrag aus dem Kaufvertrag können Sie in einem solchen Fall dann auch die notwendigen Nachrüstungen durchführen lassen. Am einfachsten ist aber immer noch:

Die Durchsicht des letzten Schornsteinfegerprotokolls oder aber ein kurzer Anruf beim zuständigen Schornsteinfeger, mit der Bitte um Auskunft, ob mit den Abgasverlustgrenzwerten alles in Ordnung ist.

## Die Energieeinsparverordnung (EnEV)

Seit dem 1. Februar 2002 gilt die „Verordnung über energiesparenden Wärmeschutz und energiesparende Anlagentechnik bei Gebäuden – Energieeinsparverordnung – EnEV", die 2009 novelliert wurde.

**Die EnEV hat auch Auswirkungen für Bestandsbauten**

Für Sie als Immobilienkäufer ist es wichtig zu wissen, dass die EnEV nicht nur für Neubauten Auswirkungen hat, sondern auch für Bestandsbauten. Die Verordnung regelt u.a., dass alle Bestandsgebäude, bei denen nach dem 1. Februar 2002 ein Besitzerwechsel erfolgt, die Forderungen der EnEV für Bestandsgebäude erfüllen müssen.

Die EnEV setzt sich aus sieben Abschnitten und 31 Paragraphen zusammen, von denen insbesondere der Abschnitt 3 mit seinen §§ 9, 10 und 11 für Bestandsgebäude maßgebend sind. Wichtig ist außerdem § 14, der die Nachrüstung von selbsttätig wirkenden, raumweisen Heizkörperreglern fordert.

**Forderung von Nachbesserungen**

Die Regelungen der EnEV sind zwar relativ komplex, es lässt sich aber zusammenfassend sagen, dass die EnEV dann Nachbesserungen an einem Bestandsgebäude fordert, wenn ...

... generell:

- es sich um ein Gebäude handelt, das vom Eigentümer nicht selbst bewohnt, sondern vermietet wird, oder aber es sich um ein Gebäude handelt, das mehr als zwei Wohneinheiten hat, von denen eine vom Eigentümer bewohnt wird;

- das Gebäude nach dem 1. Februar 2002 einen Eigentümerwechsel erfahren hat;

... erst dann im Detail folgend:

- das Gebäude eine Zentralheizung hat;
- der Heizkessel der Zentralheizung vor dem 1. Oktober 1978 eingebaut wurde;
- die vorhandenen Heizkörper ohne selbsttätig wirkende Regler zur raumweisen Regulierung der Raumtemperatur ausgestattet sind;
- ungedämmte Heiz- und Warmwasserleitungen in unbeheizten Räumen vorhanden sind;
- oberste Geschossdecken ungedämmt sind;
- eine Modernisierung von Außenbauteilen geplant ist, bei der mehr als 10 % der Gesamtfläche der jeweiligen Bauteilart geändert werden sollen;
- eine Gebäudeerweiterung erfolgt, die das bestehende Haus um zusammenhängend mehr als 15 $m^2$ Nutzfläche erweitern würde;
- durch Demontage von dämmenden Elementen, wie z.B. zusätzlichen Fassadenverkleidungen, die energetische Qualität des Gebäudes verschlechtert werden würde.

## Fazit

Es kann sehr gut sein, dass der Vorbesitzer des Hauses, das Sie erwerben möchten, die EnEV nicht einhalten musste. Dadurch, dass Sie das Haus aber nun erwerben, also nach dem 1.2.2002 ein Besitzerwechsel erfolgt, müssen Sie die Regelungen der EnEV für Bestandsgebäude sehr wohl umsetzen. Dies gilt auch für Einfamilienhäuser. Es ist also praktisch in jedem Fall so, dass Sie die EnEV nach Erwerb eines Hauses einhalten müssen.

**Diese Maßnahmen sind zwingend vorgeschrieben**

Die EnEV schreibt zusammenfassend fünf Dinge in jedem Fall zwingend vor:

Wenn bei dem Haus, das Sie kaufen,

- keine Denkmalschutzauflagen bestehen und keine schriftlichen Befreiungsregelungen der zuständigen Behörden vorliegen,
- Warmwasserleitungen und oberste Geschossdecke nicht gedämmt sind,
- eine mit Öl oder Gas betriebene Zentralheizung vorhanden ist und
- der Heizkessel vor dem 1.10.1978 eingebaut wurde,

sind Sie dazu verpflichtet,

1. den Heizkessel auszutauschen, soweit er kein Niedertemperatur- oder Brennwertheizkessel ist,
2. die Heizungs- und Warmwasserrohre zu dämmen,
3. die oberste Geschossdecke zu dämmen,
4. zentrale, selbsttätig wirkende Einrichtungen zur Steuerung und Ein- und Ausschaltung der Wärmezufuhr in Abhängigkeit von der Außentemperatur oder einer anderen Führungsgröße und der Zeit zu installieren,
5. selbsttätig wirkende Einrichtungen zur raumweisen Regulierung der Raumtemperatur zu installieren.

Der Gesetzgeber lässt Ihnen für die Umsetzung dieser fünf Maßnahmen unterschiedlich viel Zeit:

- Für die Maßnahmen 1 bis 3 gilt, die Anforderungen der EnEV mussten eigentlich bereits bis zum 31. Dezember 2008 erfüllt sein. Sind sie es zum Zeitpunkt Ihres Hauskaufs noch nicht, gilt aber auch: Der neue Eigentümer eines ganz oder teilweise selbst genutzten Hauses mit maximal zwei Wohneinheiten hat **zwei Jahre nach Eigentumsübergang** Zeit, die Maßnahmen umzusetzen.
- Die Maßnahmen 4 bis 5 hingegen müssen Sie umgehend nach Eigentumsübergang der Immobilie auf Sie umsetzen, soweit diese nicht schon vom Vorbesitzer umgesetzt wurden. Der Gesetzgeber gesteht Ihnen hierfür keinerlei Zeitfenster zu, denn auch der Vorbesitzer des Hauses hätte diese Maßnahmen längst umsetzen müssen.

**Fristen für die Umsetzung**

Da die EnEV ein recht komplexes Regelwerk ist, ergeben sich aus ihren Grundregelungen teilweise komplizierte Detailregelungen, deren Kenntnis vor einem Hauskauf wichtig ist:

**Was Sie über die EnEV wissen müssen**

1 Gemäß § 10 EnEV sind nur solche Eigentümer von den Nachrüstungspflichten der EnEV aus § 9 und § 10 (Heizkesseltausch, Wärmedämmung der Heizungs- und Warmwasserrohre, oberste Geschossdeckendämmung) befreit, deren Gebäude nicht mehr als zwei Wohneinheiten hat, von denen der Eigentümer selber mindestens eine bewohnt. Kaufen Sie nun ein solches Haus mit zwei Wohneinheiten, von denen der Vorbesitzer eine selbst bewohnt hat, dann war der Vorbesitzer nicht zur Nachrüstung gemäß § 10 der

**Haus mit zwei Wohneinheiten**

EnEV verpflichtet (Heizkesseltausch, Wärmedämmung der Heizungs- und Warmwasserrohre, oberste Geschossdeckendämmung). Durch den Kauf des Hauses sind Sie nun aber grundsätzlich zu Maßnahmen gemäß § 10 EnEV verpflichtet. Der Gesetzgeber lässt Ihnen hierfür jedoch zwei Jahre Zeit, ab dem Zeitpunkt des Eigentumsübergangs, wenn diese Dinge zum Zeitpunkt des Hauskaufs noch nicht umgesetzt sind.

**Haus mit drei Wohneinheiten**

2 Wenn Sie ein Haus mit drei oder mehr Wohneinheiten kaufen, gestand der Gesetzgeber dem Vorbesitzer generell auch nur die Fristen bis zum 31. Dezember 2008 zu. Kaufen Sie nun ein nicht nachgerüstetes Haus, weil der Vorbesitzer keine Nachrüstungen vornahm, müssen Sie diese umgehend nachholen.

3 Wenn Sie ein Haus kaufen, das relativ groß ist und das eine heizungstechnische Anlage mit einer Nennwärmeleistung von über 400 Kilowatt hat, ist nicht nur der Vorbesitzer des Hauses von den Bestimmungen des § 10 Abs. 1 der EnEV (Stilllegungspflicht des Heizkessels) befreit, sondern auch Sie als Käufer.

4 Häuser mit einer heizungstechnischen Anlage mit einer Nennwärmeleistung von unter 4 Kilowatt sind ebenfalls von § 10 Abs. 1 der EnEV (Stilllegungspflicht des Heizkessels) befreit.

5 Wenn Sie ein Haus kaufen, dessen Fertigstellung 1978/1979 war, ist hinsichtlich der Einschätzung der Stilllegungspflichten des Heizkessels gemäß EnEV wesentlich das Datum der Aufstellung des Heizkessels, nicht das der Fertigstellung des Hauses bzw. der Inbetriebnahme des Heizkessels. Beispiel:

Der Heizkessel des betreffenden Hauses wurde am 25. September 1978 aufgestellt, aber erst am 25. November 1978 in Betrieb genommen. In diesem Fall ist gemäß § 10 Abs. 1 der EnEV die Stilllegungspflicht des Heizkessels für Sie bindend, da der Heizkessel vor dem 1. Oktober 1978 aufgestellt wurde. In solchen Fällen ist es wichtig, dass Sie entweder exakte Angaben über das Aufstellungsdatum erhalten (z.B. über Abnahmeprotokolle oder Stundenzettel) oder aber generell für sich klären, ob Sie einen Heizkessel, der bereits über 20 Jahre alt ist, nicht ohnedies ersetzen.

**Neue Regelung zu Elektrospeicherheizungen in der EnEV 2009:**
Vor dem 01.01.1990 eingebaute Elektrospeicherheizungen müssen spätestens am 31.12.2019 außer Betrieb genommen werden. Elektrospeicherheizungen, die seit dem 01.01.1990 eingebaut wurden, müssen spätestens 30 Jahre nach Installation außer Betrieb genommen werden.

**Tipp**

**Schalten Sie einen Energieberater ein**

Wie Sie sehen, ist die EnEV gerade auch für den Fall des Gebrauchthauskaufes letztlich leider viel zu kompliziert geraten und für Laien nicht ohne weiteres verständlich und nachvollziehbar. Es bleibt zu hoffen, dass sich das durch zukünftige Regelungen ändern wird.

Wir empfehlen Ihnen daher, einen Energieberater einzuschalten, wenn ein Haus für Sie in die engste Wahl kommt, und gemeinsam mit ihm das Haus von Grund auf durchzugehen. Auch einige Verbraucherzentralen bieten eine Energieberatung vor Ort an. Lassen Sie sich vom Energieberater *schriftlich* die Konsequenzen hinsichtlich der EnEV und auch der 1. Bundes-Immissionsschutzverordnung für das betreffende Gebäude aufzeigen, damit Sie wissen, was im Falle eines Hauskaufs an möglichen Maßnahmen auch in diesem Bereich auf Sie zukommt. Berät er Sie falsch, haben Sie wenigstens die Möglichkeit, Schadensersatzforderungen gegen Ihn geltend zu machen und können sich so vor den rechtlichen und finanziellen Folgen von intransparenten Gesetzen schützen.

Lassen Sie durch den Energieberater auch einen Ihnen bei der Hausbesichtigung evtl. vorgelegten Energiebedarfsausweis (Seite 57 f.) auf Vollständigkeit sowie inhaltliche und strukturelle Korrektheit überprüfen.

**Energieberater: keine geschützte Berufsbezeichnung**

Energieberater ist in Deutschland keine geschützte Berufsbezeichnung. Vom Heizungsmonteur bis zum Schornsteinfeger nennen sich viele Berufsgruppen Energieberater. Als Verbraucher benötigen Sie allerdings einen Energieberater mit umfassendem Wissen über alle Bereiche der Haustechnik und Gebäudesubstanz hinweg mit versiertem, auch theoretisch-physikalischem Wissen über die komplexen Zusammenhänge. Dies ist auch deswegen notwendig, damit Sie später im Zweifelsfalle berechtigte Schadensersatzforderungen stellen können, da man bei einem versierten Energieberater auch vor Gericht von umfassendem Wissen ausgehen wird. Auch ein ausgebildeter Architekt muss übrigens noch lange kein guter Energieberater sein.

**Ausbildung mit höchstem Qualitätsmerkmal**

Die Ausbildung mit dem höchsten Qualitätsmerkmal in Deutschland haben die vom Bundesamt für Wirtschaft und Ausfuhrkontrolle (BAFA) in Eschborn zugelassenen Energieberater, die auch berechtigt sind, über die BAFA Bundeszuschüsse für die Kosten einer Energieberatung für Sie zu beantragen. Eine Übersichtsliste über alle vom BAFA zugelassenen Energieberater und weitere Informationen zu den finanziellen Förderungen für eine Beratung finden Sie im Internet unter www.bafa.de.

Da es bei der energetischen Bewertung von Gebäuden durch Energieberater Preisunterschiede gibt, sollten Sie vor einem Beratungstermin Preisvergleiche einholen und die angebotene Leistung vergleichen. die man im Zuge einer energetischen Beratung erhält. In jedem Falle sollte eine schriftliche Regelung hinsichtlich Kosten und Leistung vor Durchführung erfolgen.

Auch dann, wenn Sie von der EnEV nicht unmittelbar betroffen sind, sollten Sie je nach Zustand der Immobilie über eine umfassende energetische Modernisierung nachdenken und diese im Zuge eventuell erforderlicher Modernisierungsmaßnahmen gleich mit umsetzen. So können Sie insbesondere auch die Energieverbrauchskosten langfristig erheblich senken.



## Der Energieausweis für Bestandsgebäude

**Fragen Sie bei der Besichtigung nach**

Bereits durch die novellierte EnEV von 2007 wurden Energieausweise nicht nur für Neubauten sondern auch für Bestandsgebäude zur Pflicht, wenn diese verkauft oder vermietet werden sollen. Man unterscheidet hierbei zwischen dem sogenannten verbrauchsorientierten Ausweis und dem bedarfsorientierten Ausweis. Was heißt das? Beim verbrauchsorientierten Ausweis wird der zurückliegende, tatsächlich angefallene Energieverbrauch eines Wohngebäudes gemessen. Beim bedarfsorientierten Ausweis wird eine rechnerische Prognose des voraussichtlichen Energiebedarfs erstellt. Ein Ausweis wird immer nur für ein komplettes Gebäude, nie für eine einzelne Wohnung erstellt. Welche Ausweisart für welchen Fall zu wählen ist, wurde folgendermaßen festgelegt:

- Bei Wohngebäuden mit bis zu 4 Wohnungen, die zudem vor der 1977 erlassenen Wärmeschutzverordnung erstellt wurden (Einreichung des Bauantrags vor dem 01. November 1977), muss im Falle des Verkaufs oder der Vermietung zwingend ein bedarfsorientierter Energieausweis erstellt werden, und zwar ab dem 01. Juli 2008. Ausnahme: Bis zum 01. Oktober 2008 gab es auch für diese Gebäude die Wahlfreiheit zwischen dem bedarfsorientierten Ausweis und dem verbrauchsorientierten Ausweis.

- Häuser, deren Bauantrag ab dem 01. November 1977 eingereicht wurde oder die zwischenzeitlich entsprechend der Wärmeschutzverordnung von 1977 nachgerüstet wurden sowie generell alle Häuser mit mehr als vier Wohnungen, können im Falle des Verkaufs oder der Vermietung entweder nach dem bedarfsorientierten oder nach dem verbrauchsorientierten Energieausweis bewertet werden. Ein Ausweis muss im Vermietungs- oder Verkaufsfall seit dem 01. Januar 2009 vorgelegt werden können. (Diese Regelung ist übrigens insofern etwas zweifelhaft, da die Wärmeschutzverordnung von 1977 natürlich nur für die damalige Bundesrepublik Deutschland, also Westdeutschland, galt und nicht für die östlichen Bundesländer. Dort stehen aber natürlich viele Gebäude, die zwar nach 1977 errichtet wurden, aber selbstverständlich nicht nach der Wärmeschutzverordnung gebaut wurden.)
- Überhaupt keinen Gebäudeenergieausweis benötigen Gebäude, die unter Denkmalschutz stehen.

**Gültigkeitsdauer: zehn Jahre**

Energieausweise sind zehn Jahre lang gültig. Das heißt aber, dass Sie als Käufer mindestens in den nächsten zehn Jahren für jeden Gebäudetypen sowohl auf einen bedarfsorientierten wie auch auf einen verbrauchsorientierten Ausweis stoßen können. Denn ein Eigentümer, dessen Einfamilienhaus vor 1977 errichtet wurde, konnte sich noch bis zum 01. Oktober 2008 einen einfachen verbrauchsorientierten Ausweis für das Haus ausstellen lassen. Veräußert er sein Haus dann in einem Folgezeitraum von zehn Jahren, kann er diesen Ausweis einem potentiellen Käufer immer noch vorlegen. Durch die Regelungen der novellierten EnEV ist also gerade keine Transparenz und Vergleichbarkeit für Käufer entstanden, sondern eher das Gegenteil. Es bleibt daher bei unserem Tipp, ggf. einen Energieberater vor einem ernsthaft erwogenen Hauskauf zu Rate zu ziehen.

Ein Energieausweis muss bestimmte Angaben enthalten. Zwischenzeitlich hat die Deutsche Energie Agentur (dena) ein Muster für einen bedarfsorientierten Ausweis entwickelt, dessen Abbildung Sie nachfolgend finden.

**Lassen Sie sich vor dem Hauskauf Verbrauchsabrechnungen zeigen**

Da viele Gebäude ohnehin erst nach und nach mit einem Gebäudeenergieausweis ausgestattet werden, ist der beste Tipp gegenwärtig immer noch: Lassen Sie sich vor dem Hauskauf die tatsächlichen Verbrauchsabrechnungen vorlegen. Damit haben Sie noch immer den schnellsten Überblick über den voraussichtlichen Energiebedarf eines Gebäudes. Fragen Sie in diesem Zusammenhang auch nach dem Nutzerverhalten der bisherigen Bewohner:

- In welchen Monaten war die Heizung in Betrieb?
- Wurden alle Räume beheizt und mit welchen Raumtemperaturen? Da Verbraucher dies häufig gar nicht wissen, können Sie auch danach fragen, ob man im Winter eher mit Pulli oder im T-Shirt durch die Räume lief.
- Wie wurde gelüftet? Durch kurze Stoßlüftung oder waren die Fenster über längere Zeiträume gekippt?

Neben dem einmaligen Kaufpreis für ein Gebrauchthaus spielen die Energiekosten bei den laufenden Kosten eine große Rolle. Daher sollten Sie bei dem Kaufobjekt Ihrer Wahl unbedingt auf die energetische Qualität von Gebäudehülle und Anlagentechnik achten und dabei auch die bisherigen Verbrauchsabrechnungen berücksichtigen.

# ENERGIEAUSWEIS für Wohngebäude

gemäß den §§ 16 ff. Energieeinsparverordnung (EnEV)

Gültig bis: **12.08.2017** 1

## Gebäude

| | |
|---|---|
| Gebäudetyp | Mehrfamilienreiheneckhaus |
| Adresse | ---, |
| Gebäudeteil | Mehrfamilienhaus |
| Baujahr Gebäude | 1959 |
| Baujahr Anlagentechnik | 1985 |
| Anzahl Wohnungen | 4 |
| Gebäudenutzfläche ($A_N$) | 281 |
| Anlass der Ausstellung des Energieausweises | ☐ Neubau ☒ Vermietung / Verkauf ☐ Modernisierung (Änderung / Erweiterung) ☐ Sonstiges (freiwillig) |

## Hinweise zu den Angaben über die energetische Qualität des Gebäudes

Die energetische Qualität eines Gebäudes kann durch die Berechnung des **Energiebedarfes** unter standardisierten Randbedingungen oder durch die Auswertung des **Energieverbrauchs** ermittelt werden. Als Bezugsfläche dient die energetische Gebäudenutzfläche nach der EnEV, die sich in der Regel von den allgemeinen Wohnflächenangaben unterscheidet. Die angegebenen Vergleichswerte sollen überschlägige Vergleiche ermöglichen **(Erläuterungen - siehe Seite 4)**.

☒ Der Energieausweis wurde auf der Grundlage von Berechnungen des **Energiebedarfs** erstellt. Die Ergebnisse sind auf **Seite 2** dargestellt. Zusätzliche Informationen zum Verbrauch sind freiwillig.

☐ Der Energieausweis wurde auf der Grundlage von Auswertungen des **Energieverbrauchs** erstellt. Die Ergebnisse sind auf **Seite 3** dargestellt.

Datenerhebung Bedarf/Verbrauch durch ☐ Eigentümer ☒ Aussteller

☐ Dem Energieausweis sind zusätzliche Informationen zur energetischen Qualität beigefügt (freiwillige Angabe).

## Hinweise zur Verwendung des Energieausweises

Der Energieausweis dient lediglich der Information. Die Angaben im Energieausweis beziehen sich auf das gesamte Wohngebäude oder den oben bezeichneten Gebäudeteil. Der Energieausweis ist lediglich dafür gedacht, einen überschlägigen Vergleich von Gebäuden zu ermöglichen.

Aussteller:

13.08.2007
Datum

Unterschrift des Ausstellers

# ENERGIEAUSWEIS für Wohngebäude

gemäß den §§ 16 ff. Energieeinsparverordnung (EnEV)

## Berechneter Energiebedarf des Gebäudes

2

### Energiebedarf

$CO_2$-Emissionen [1]) 41,5 kg/(m²a)

**Endenergiebedarf**

164 kWh/(m²a)

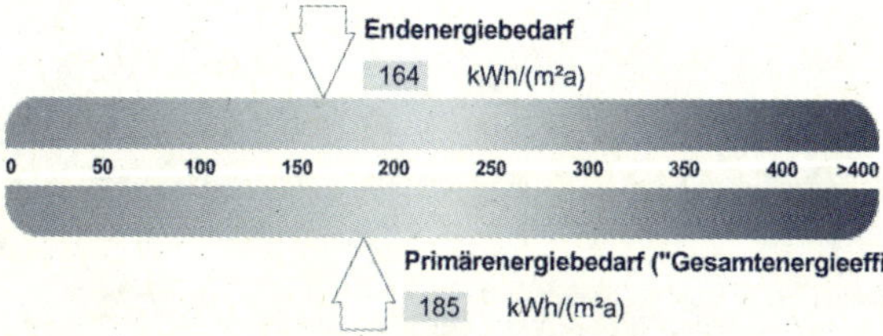


**Primärenergiebedarf ("Gesamtenergieeffizienz")**

185 kWh/(m²a)

### Nachweis der Einhaltung des § 3 oder § 9 Abs. 1 der EnEV [2])

| Primärenergiebedarf | | | Energetische Qualität der Gebäudehülle | | |
|---|---|---|---|---|---|
| Gebäude Ist-Wert | 184,82 | kWh/(m²a) | Gebäude Ist-Wert $H_T$' | 0,70 | W/(m²K) |
| EnEV-Anforderungswert | 98,02 | kWh/(m²a) | EnEV-Anforderungswert $H_T$' | 0,58 | W/(m²K) |

### Endenergiebedarf

| Energieträger | Jährlicher Endenergiebedarf in kWh/(m²a) für | | | Gesamt in kWh/(m²a) |
|---|---|---|---|---|
| | Heizung | Warmwasser | Hilfsgeräte [3]) | |
| Erdgas E | 108 | 53 | | 161 |
| Strom-Mix | | | 3 | 3 |
| | | | | |

### Sonstige Angaben

**Einsetzbarkeit alternativer Energieversorgungs-systeme**

☐ nach § 5 EnEV vor Baubeginn berücksichtigt

**Alternative Energieversorgungssysteme werden genutzt für:**

☐ Heizung ☐ Warmwasser
☐ Lüftung ☐ Kühlung

**Lüftungskonzept**

Die Lüftung erfolgt durch:

☒ Fensterlüftung ☐ Schachtlüftung
☐ Lüftungsanlage ohne Wärmerückgewinnung
☐ Lüftungsanlage mit Wärmerückgewinnung

### Vergleichswerte Endenergiebedarf

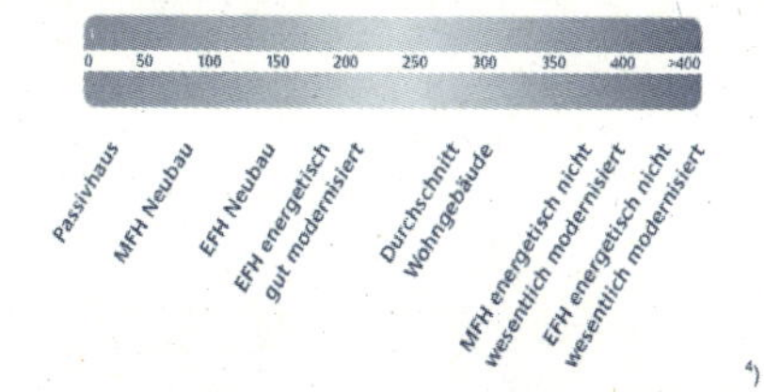


[4])

### Erläuterungen zum Berechnungsverfahren

Das verwendete Berechnungsverfahren ist durch die Energieeinparverordnung vorgegeben. Insbesondere wegen standardisierter Randbedingungen erlauben die angegeben Werte keine Rückschlüsse auf den tatsächlichen Energieverbrauch. Die ausgewiesenen Bedarfswerte sind spezifische Werte nach der EnEV pro Quadratmeter Gebäudenutzfläche ($A_N$).

[1]) freiwillige Angabe
[2]) nur in den Fällen des Neubaus und der Modernisierung auszufüllen
[3]) ggf. einschließlich Kühlung
[4]) EFH-Einfamilienhäuser, MFH-Mehrfamilienhäuser

3

# ENERGIEAUSWEIS für Wohngebäude

gemäß den §§ 16 ff. Energieeinsparverordnung (EnEV)

## Gemessener Energieverbrauch des Gebäudes 3

### Energieverbrauchskennwert

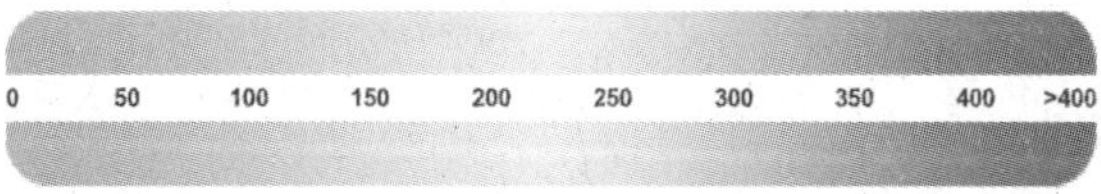


Energieverbrauch für Warmwasser: ☐ enthalten ☒ nicht enthalten

☐ Das Gebäude wird auch gekühlt; der typische Energieverbrauch für Kühlung beträgt bei zeitgemäßen Geräten etwa 6 kWh je m² Gebäudenutzfläche und Jahr und ist im Energieverbrauchskennwert nicht enthalten.

### Verbrauchserfassung - Heizung und Warmwasser

| Energieträger | Abrechnungszeitraum von | Abrechnungszeitraum bis | Brennstoff-menge [kWh] | Anteil Warm-wasser [kWh] | Klima-faktor | Energieverbrauchskennwert in kWh/(m²a) (zeitlich bereinigt, klimabereinigt) Heizung | Warmwasser | Kennwert |
|---|---|---|---|---|---|---|---|---|
| | | | | | | | | |
| | | | | | | | | |
| | | | | | | | | |
| | | | | | | | | |
| | | | | | | | Durchschnitt | |

### Vergleichswerte Endenergiebedarf

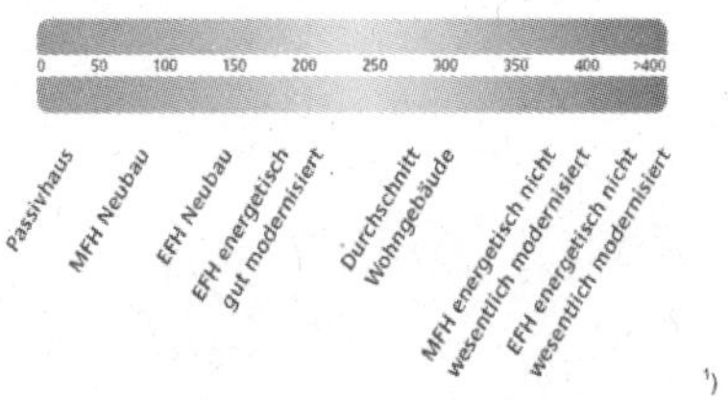


Die modellhaft ermittelten Vergleichswerte beziehen sich auf Gebäude, in denen Wärme für Heizung und Warmwasser durch Heizkessel im Gebäude bereitgestellt wird.

Soll ein Energieverbrauchskennwert verglichen werden, der keinen Warmwasseranteil enthält, ist zu beachten, dass auf die Warmwasserbereitung je nach Gebäudegröße 20 - 40 kWh/(m²a) entfallen können.

Soll ein Energieverbrauchskennwert eines mit Fern- oder Nahwärme beheizten Gebäudes verglichen werden, ist zu beachten, dass hier normalerweise ein um 15 - 30 % geringerer Energieverbrauch als bei vergleichbaren Gebäuden mit Kesselheizung zu erwarten ist.

### Erläuterungen zum Verfahren

Das Verfahren zur Ermittlung von Energieverbrauchskennwerten ist durch die Energieeinsparverordnung vorgegeben. Die Werte sind spezifische Werte pro Quadratmeter Gebäudenutzfläche ($A_N$) nach Energieeinsparverordnung. Der tatsächliche Verbrauch einer Wohnung oder eines Gebäudes weicht insbesondere wegen des Witterungseinflusses und sich ändernden Nutzerverhaltens vom angegebenen Energieverbrauchskennwert ab.

[1]) EFH-Einfamilienhäuser, MFH-Mehrfamilienhäuser

# ENERGIEAUSWEIS für Wohngebäude

gemäß den §§ 16 ff. Energieeinsparverordnung (EnEV)

## Erläuterungen

4

**Energiebedarf – Seite 2**

Der Energiebedarf wird in diesem Energieausweis durch den Jahres-Primärenergiebedarf und den Endenergiebedarf dargestellt. Diese Angaben werden rechnerisch ermittelt. Die angegebenen Werte sind auf der Grundlage der Bauunterlagen bzw. gebäudebezogener Daten und unter Annahme von standardisierten Randbedingungen (z.B. standardisierte Klimadaten, definiertes Nutzerverhalten, standardisierte Innentemperatur und innere Wärmegewinne usw.) berechnet. So lässt sich die energetische Qualität des Gebäudes unabhängig vom Nutzerverhalten und der Wetterlage beurteilen. Insbesondere wegen standardisierter Randbedingungen erlauben die angegebenen Werte keine Rückschlüsse auf den tatsächlichen Energieverbrauch.

**Primärenergiebedarf – Seite 2**

Der Primärenergiebedarf bildet die Gesamtenergieeffizienz eines Gebäudes ab. Er berücksichtigt neben der Endenergie auch die so genannte "Vorkette" (Erkundung, Gewinnung, Verteilung, Umwandlung) der jeweils eingesetzten Energieträger (z.B. Heizöl, Gas, Strom, erneuerbare Energien etc.). Kleine Werte signalisieren einen geringen Bedarf und damit eine hohe Energieeffizienz und Ressourcen und Umwelt schonende Energienutzung. Zusätzlich können die mit dem Energiebedarf verbundenen $CO_2$-Emissionen des Gebäudes freiwillig angegeben werden.

**Endenergiebedarf – Seite 2**

Der Endenergiebedarf gibt die nach technischen Regeln berechnete, jährlich benötigte Energiemenge für Heizung, Lüftung und Warmwasserbereitung an. Er wird unter Standardklima- und Standardnutzungsbedingungen errechnet und ist ein Maß für die Energieeffizienz eines Gebäudes und seiner Anlagentechnik. Der Endenergiebedarf ist die Energiemenge, die dem Gebäude bei standardisierten Bedingungen unter Berücksichtigung der Energieverluste zugeführt werden muss, damit die standardisierte Innentemperatur, der Warmwasserbedarf und die notwendige Lüftung sichergestellt werden können. Kleine Werte signalisieren einen geringen Bedarf und damit eine hohe Energieeffizienz.

Die Vergleichswerte für den Energiebedarf sind modellhaft ermittelte Werte und sollen Anhaltspunkte für grobe Vergleiche der Werte dieses Gebäudes mit den Vergleichswerten ermöglichen. Es sind ungefähre Bereiche angegeben, in denen die Werte für die einzelnen Vergleichskategorien liegen. Im Einzelfall können diese Werte auch außerhalb der angegebenen Bereiche liegen.

**Energetische Qualität der Gebäudehülle – Seite 2**

Angegeben ist der spezifische, auf die wärmeübertragende Umfassungsfläche bezogene Transmissionswärmeverlust (Formelzeichen in der EnEV: $H_T'$). Er ist ein Maß für die durchschnittliche energetische Qualität aller wärmeübertragenden Umfassungsflächen (Außenwände, Decken, Fenster etc.) eines Gebäudes. Kleine Werte signalisieren einen guten baulichen Wärmeschutz.

**Energieverbrauchskennwert – Seite 3**

Der ausgewiesene Energieverbrauchskennwert wird für das Gebäude auf der Basis der Abrechnung von Heiz- und ggf. Warmwasserkosten nach der Heizkostenverordnung und/oder auf Grund anderer geeigneter Verbrauchsdaten ermittelt. Dabei werden die Energieverbrauchsdaten des gesamten Gebäudes und nicht der einzelnen Wohn- oder Nutzeinheiten zugrunde gelegt. Über Klimafaktoren wird der erfasste Energieverbrauch für die Heizung hinsichtlich der konkreten örtlichen Wetterdaten auf einen deutschlandweiten Mittelwert umgerechnet. So führen beispielsweise hohe Verbräuche in einem einzelnen harten Winter nicht zu einer schlechteren Beurteilung des Gebäudes. Der Energieverbrauchskennwert gibt Hinweise auf die energetische Qualität des Gebäudes und seiner Heizungsanlage. Kleine Werte signalisieren einen geringen Verbrauch. Ein Rückschluss auf den künftig zu erwartenden Verbrauch ist jedoch nicht möglich; insbesondere können die Verbrauchsdaten einzelner Wohneinheiten stark differieren, weil sie von deren Lage im Gebäude, von der jeweiligen Nutzung und vom individuellen Verhalten abhängen.

**Gemischt genutzte Gebäude**

Für Energieausweise bei gemischt genutzten Gebäuden enthält die Energieeinsparverordnung besondere Vorgaben. Danach sind - je nach Fallgestaltung - entweder ein gemeinsamer Energieausweis für alle Nutzungen oder zwei getrennte Energieausweise für Wohnungen und die übrigen Nutzungen auszustellen; dies ist auf Seite 1 der Ausweise erkennbar (ggf. Angabe "Gebäudeteil").

# Kapitel 4
# Die Besichtigung des Hauses

## Das Problem des Zeitdrucks

In der Phase der Hausbesichtigungen wird Ihr größtes Problem zunächst der Zeitdruck werden: Nicht nur müssen Sie sich freinehmen für jeden Besichtigungstermin, auch die Frage, ob Ihnen der bisherige Hausbesitzer ausreichend Zeit für eine intensive Begutachtung des Objekts gibt, spielt hier eine Rolle. Und Zeitdruck entsteht nicht zuletzt durch die Konkurrenzsituation mit anderen Interessierten, da derjenige, der sich zuerst zum Kauf entschließt, in der Regel den Zuschlag erhalten wird.

**Halten Sie sich Wochenenden für Besichtigungen frei**

Daher ist es nicht nur wichtig, dass Sie sich immer auf dem aktuellsten Stand der Immobilieninformation Ihrer Region halten (also z.B. bereits Samstagfrüh und nicht erst am Sonntagnachmittag in den Immobilienteil Ihrer Zeitung sehen) oder dass Sie sich Wochenenden oder werktägliche Nachmittage für Besichtigungstouren bewusst freihalten, sondern es ist auch wichtig, dass Sie eine Immobilie vor Ort rasch richtig einschätzen können. Denn der Besucher nach Ihnen kann bereits derjenige sein, der sofort seine Kaufentscheidung trifft und Ihnen damit zuvorkommt.

## Die Vorbereitung der Hausbesichtigung

**Das sollten Sie vor der Besichtigung klären**

Vor der Hausbesichtigung werden Sie Vorgespräche mit dem Verkäufer bzw. Makler führen. Hierbei sollten Sie drei Dinge in jedem Fall klären,

1. dass die Hausbesichtigung für Sie unverbindlich ist,
2. dass Ihnen hierfür eine Mindestzeit zur Verfügung steht und
3. dass Sie die Adresse sowie Pläne (Grundrisse, Ansichten) des Objektes im Vorhinein erhalten können.

Letzteres hat den Vorteil, dass Sie sich mit dem Objekt bereits vor dem Besichtigungstermin vertraut machen können. Gehen Sie davon aus, dass Sie für die Besichtigung eines Einfamilienhauses als absolutes Minimum eine Stunde Zeit brauchen. Sollte Ihnen diese Zeit nicht zur Verfügung stehen, fragen Sie evtl. nach einem unmittelbaren Ausweichtermin. Machen Sie sich klar, dass von dieser einen Besichtigung eine der finanziell gewichtigsten Entscheidungen Ihres Lebens abhängen kann.

Soweit Sie zeitlich die Möglichkeiten haben, ist es auch sinnvoll, sich bereits vor dem Besichtigungstermin zu dem Objekt zu begeben, um einen ersten Eindruck von dem Objekt und dem Umfeld, z.B. dem betreffenden Stadtteil bzw. der Gemeinde, zu gewinnen. Dies hat später den Vorteil, dass Sie sich bei dem Besichtigungstermin darüber keine Gedanken mehr machen müssen und schneller entscheiden können.



**Wichtige Utensilien immer bereit halten**

Bevor Sie mit einer breitangelegten Immobiliensuche beginnen, sollten Sie sich ein Köfferchen zusammenstellen, in das Sie die wichtigsten Utensilien zur Hausbesichtigung packen, so dass Sie alles bei Bedarf immer auf einen Griff parat haben und nie etwas vergessen. In dieses Köfferchen gehören:

- Gartenhandschuhe
- Taschenmesser
- einige Werkzeuge wie Schraubenzieher und Zange
- Bandmaß bzw. Zollstock
- Wasserwaage
- Kunststoffbehältnis mit Deckel
- Taschenlampe
- Fernglas
- Checklisten aus diesem Ratgeber in Kopie
- Papier und Stift
- Fotoapparat

Gartenhandschuhe helfen Ihnen, die Hände sauber zu halten, z.B. wenn Sie rostige Materialien wegen Überprüfungen anfassen müssen (Rohrleitungen, Geländer etc.).

Ein Taschenmesser kann hilfreich sein, um zu Materialüberprüfungen einen kleinen Schnitt zu setzen (z.B. bei Überprüfung von Ausbaumaterial im Dachgeschoss).

Mit einem Schraubenzieher können Sie beispielsweise durch das Ausbauen von Steckdosen den Zustand der Isolierungen von Elektroleitungen überprüfen (vorher Sicherung herausnehmen!). Mit einer Zange können Sie klemmende Revisionstüren öffnen, z.B. um in Schächte oder Stauräume zu sehen.

Mit einem Bandmaß bzw. Zollstock können Sie Raumgrößen und Raumhöhen messen und mit Plänen abgleichen.

Mit einer Wasserwaage können Sie Bodenebenheiten und die lotrechte Stellung von Wänden überprüfen.

Ein Kunststoffbehältnis kann evtl. notwendig werdende Wasser- oder Materialproben aufnehmen, die Sie später z.B. durch ein chemisches Labor untersuchen lassen (z.B. hinsichtlich Bleigehalt des Wassers).

Eine Taschenlampe hilft Ihnen, auch nicht beleuchtete oder belichtete Räume zu begehen, oder schlecht ausgeleuchtete Bereiche einzusehen.

Mit einem Fernglas können Sie bei einem Rundgang um das Haus sehr gut die Dachflächen einsehen und auf Schäden kontrollieren.

Papier und Stift brauchen Sie beispielsweise für kleine Skizzen oder Handvermerke.

Der Fotoapparat ist wichtig, um z.B. problematische Baudetails festzuhalten.

Ein solches Köfferchen ist nicht unbedingt für die erste Besichtigung notwendig, denn da geht es meist um einen ersten Eindruck und die Frage, ob das Objekt überhaupt in Frage kommt. Bei Interesse wird mindestens eine weitere Besichtigung erfolgen. Vor einer unmittelbaren Kaufentscheidung sollten Sie es dann unbedingt dabeihaben.

**Ziehen Sie sich nicht zu fein an**

Ziehen Sie sich für den Vor-Ort-Termin nicht zu fein an. Für den Vorbesitzer ist nicht Ihre Kleidung ausschlaggebend, sondern nur, ob Sie den gewünschten Preis für das Objekt zu zahlen bereit sind. Ob Sie dazu bereit sind, entscheiden aber Sie, und zwar erst nach eingehender Besichtigung des Objektes. Dies kann z.B. erforderlich machen, in den Tankraum der Heizung zu klettern, und dabei sollte Ihre Kleidung Ihnen nicht im Wege stehen.



## Die Hausbesichtigung

Bei der dann folgenden Besichtigung vor Ort ist es wichtig, dass Sie systematisch vorgehen und sich nicht von dem Sie begleitenden Hausbesitzer oder Makler durcheinanderbringen lassen oder gar seine Worte für bare Münze nehmen. Auf seiner Seite steht selbstverständlich das Verkaufsinteresse zu möglichst guten Konditionen im Vordergrund. Auf Ihrer Seite steht das Interesse im Vordergrund, eine gute Qualität zu einem möglichst günstigen Preis zu erhalten. Sie haben es hier also durchaus mit einem Interessengegensatz zu tun. Je klarer Sie sich das machen, desto objektiver werden Sie beurteilen können.

**Besichtigung bei Tageslicht**

Grundsätzlich sollten Sie Häuser nur bei Tageslicht ansehen. Insbesondere für die objektive Beurteilung von Dach- und Fassadenzustand, aber auch für die Beurteilung von Keller und Dachstuhl ist dies sehr wichtig. Achten Sie darauf, dass Sie alle Räume, auch Stau-, Dach- und

Kellerräume besichtigen. Fragen Sie vorher, ob Sie Fotos von dem Objekt machen dürfen und nötigenfalls auch eine kleine Stein- bzw. Baustoffprobe nehmen können. Sind diese Dinge geklärt, kann es losgehen.

Defekter und feuchter Sockel

Beginnen Sie bei der Hausbesichtigung am besten mit einem Rundgang um das Haus und besichtigen Sie bei dieser Gelegenheit auch Nebengebäude wie z.B. die Garage, sowie die Außenanlage mit Wegen, Zäunen und Gartenmauern. Dies hat den Vorteil, dass Sie diesen Part erledigt haben, bevor möglicherweise Regen aufkommt.

Außerdem gewinnen Sie durch einen solchen Gang um das Haus herum schnell einen Überblick und verschaffen sich dabei einen ersten Eindruck von der Bausubstanz.

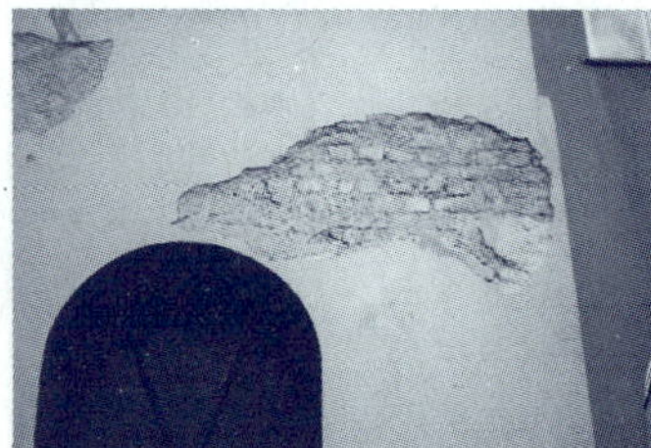

Putz blättert von der Fassade

Algenbefall auf der nachträglich angebrachten Wärmedämmung an der Nordseite

Beim Rundgang um das Haus können Sie hervorragend den Zustand des Sockels, der Fassade, der Fenster- und Balkonanschlüsse kontrollieren. Kontrollieren Sie beim Rundgang auch ggf. vorhandene äußere Kellerzugänge. Achten Sie dort vor allem auf den Zustand des unteren Bereiches der treppenbegleitenden Sockelwand.

Geflickte Dachdeckung

Durch das Fernglas erkennen Sie hervorragend den Zustand der Dachanschlüsse, der Dachziegel, der Vermörtelung der Firstziegel etc. Nutzen Sie für Ihre Notizen der zu beurteilenden Gebäudeelemente bitte die Checklisten (▸▸ Seite 81 ff.).

Ein Blick durch das Fernglas auf alte Entlüftungsrohre

Wenn Sie beim Rundgang um das Objekt einen ersten Eindruck gewonnen haben, gehen Sie in das Haus. Fangen Sie hier am besten immer systematisch mit Rundgängen an.

Sinnvoll ist es z.B., sich zunächst einmal den Keller zeigen zu lassen und am besten immer im oder gegen den Uhrzeigersinn durch die einzelnen Räumlichkeiten zu gehen. Interessant beim Keller ist vor allem, ob es muffig riecht, ob die Luftfeuchte hoch ist, ob die Wände feucht sind, ob es Abläufe im Boden gibt, wie der Öltank, falls vorhanden, aussieht. Klettern Sie hierfür unbedingt in den Tankraum und nutzen Sie Ihre Taschenlampe. Ist die Außenwand des Tanks stark korrodiert, steht Öl in diesem Kellerraum, funktioniert der Ölstandsanzeiger? Ist der Tankraum im Freien, sollten Sie auf jeden Fall auch einen Blick in den Kontrollschacht werfen.

Alter Öltank in feuchtem Keller

Weitere wichtige Bereiche im Keller sind die Heizzentrale und der Hausanschlussraum. Bei der Besichtigung der Heizzentrale sollten Sie sich klarmachen, dass eine durchschnittliche Gas- oder Ölzentralheizungsanlage, mit der Sie es in den meisten Fällen zu tun haben werden, in der Regel aus sieben Bausteinen besteht, die alle reibungslos funktionieren müssen, um das Gesamtsystem Heizung funktionieren zu lassen. Dies sind im Einzelnen:

**Die sieben Bausteine des Heizungssystems**

- (bei Ölheizung) die Tankanlage/(bei Gasheizung) die sichere Gaszuführung,
- die Brenneranlage (zur Verbrennung des Heizstoffes),
- die Kesselanlage (zur Erwärmung des Heizwassers),
- die Heizungspumpen (zur Verteilung des Heizwassers in Rohre und Heizkörper),
- die Heizungsrohre (zur Zu- und Abführung des Heizwassers an/von den Heizkörpern),
- die Heizkörper (zur optimalen Wärmeabgabe des heißen Wassers in den jeweiligen Raum) sowie
- die Sicherheitseinrichtungen (wie das Ausdehnungsgefäß, zur Aufnahme entstehenden Überdrucks und auch Sicherheitsventile, durch die bei geschlossenen Systemen Überdruck entweichen kann).

**Notieren Sie sich das Baujahr**

Notieren Sie sich das Baujahr des Brenners, des Heizkessels und der Pumpen und die Herstellernamen. Dies kann Ihnen helfen, bei einem unabhängigen Heizungsfachbetrieb nach dessen Qualität und der zu erwartenden Lebensdauer der installierten Bauteile zu fragen.

**Wurde die Heizung regelmäßig gewartet?**

Fragen Sie bei der Hausbesichtigung auch danach, ob die Heizanlage regelmäßig gewartet wurde. Dies könnte z.B. durch ein Serviceheft belegt werden. Falls nicht, müsste das der beauftragte Kundendienst nachweisen können. Lassen Sie sich auch die Protokolle des Schornsteinfegers und Abrechnungen zum Gas- bzw. Ölverbrauch zeigen. Den Verbrauch können Sie zu der vorhandenen Wohnfläche in Bezug setzen und so einen ersten Eindruck über die Wirtschaftlichkeit des Gebäudes erhalten.

Beispiel: Der Jahresverbrauch an Heizöl aus den letzten fünf Jahren beträgt im Durchschnitt 2.500 Liter. Das Haus hat eine beheizte Wohnfläche von 135 m². Daraus ergibt sich ein Durchschnittsverbrauch von 2.500/135 = 18,5 Liter Heizöl pro Quadratmeter Wohnfläche.

Ein Verbrauch von mehr als 12 bis 15 Liter Öl oder 12 bis 15 Kubikmeter Gas pro Quadratmeter Wohnfläche ist heute nicht mehr zeitgemäß und spricht dafür, dass ein Gebäude eine schlecht gedämmte Außenhülle und eine veraltete Heizungsanlage hat, sofern der frühere Besitzer nicht überzogen geheizt hatte. Beim Kauf eines solchen Gebäudes sollten Sie auch eine Modernisierung in Betracht ziehen. Der Ratgeber „Gebäude modernisieren – Energie sparen" der Verbraucherzentralen gibt Ihnen hierzu weitere Informationen.

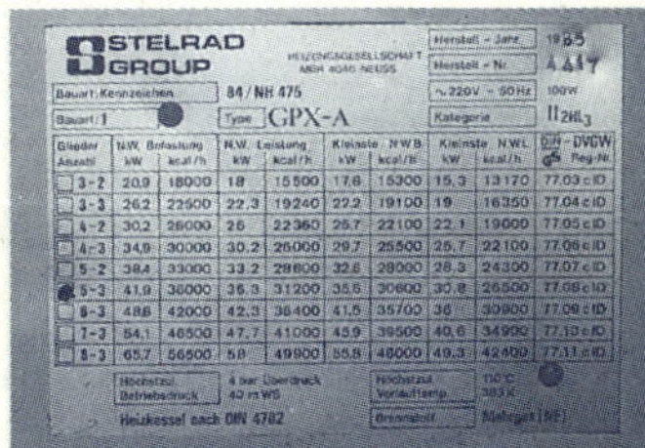


Das Typenschild eines Brenners

Der Hausanschlussraum

Im Hausanschlussraum sollten Sie auf die verlegten bzw. vorbereiteten Anschlüsse ebenso achten wie auf deren Zustand. Sind die Wanddurchführungen dicht, sind die Rohre frei von Korrosion etc.? Insofern Gas- und Elektrozähler vorhanden sind, sehen Sie sich deren Etiketten an und das letzte Datum der Eichung bzw. des Austauschs. Auch alte Elektrosicherungen lassen auf Erneuerungsbedürftigkeit schließen.

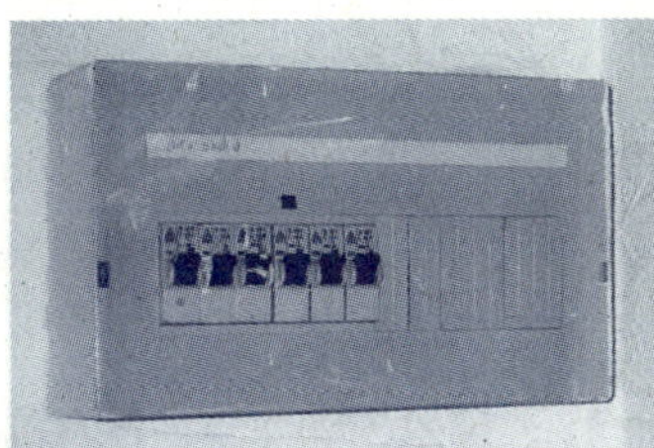

Ungeschützte Sicherungen

Alle wichtigen Prüfpunkte finden Sie in den Checklisten (» Seite 81 ff.)

**Lassen Sie sich nicht von Oberflächlichkeiten beeindrucken**

Vom Keller gehen Sie dann weiter ins Erdgeschoss. Lassen Sie sich hier und in den anderen Wohngeschossen nicht von Oberflächlichkeiten beeindrucken. Möglicherweise liegt in den Räumen z.B. ein abscheulicher PVC-Boden in einer grellen Farbe. Nichts ist aber leichter, als diesen zu entfernen. Viel wichtiger ist es, nachzufragen, was unter dem PVC-Boden liegt. Sie sollten hierbei vor einer Kaufentscheidung auch darauf bestehen, nachsehen zu dürfen. Gleiches gilt für Wandverkleidungen etc.

Veralteter Gaseinzelofen

Beim Durchgang durch die einzelnen Geschosse sollten Sie auf Heizkörper bzw. Öfen und deren Zustand genauso achten wie auf die Elektroinstallation, Anzahl und Art von Steckern und Steckdosen.

Röhrenradiator

Veraltete Elektroleitung

Auch auf die Sanitärinstallationen in den Bädern, auf die Festigkeit der Wände und Decken, auf Material und Zustand von Türen und Fenstern (Kunststoff? Holz? Metall? Isolierglas? Einfachglas? Wie schließen sie? Wie ist der Zustand von außen? etc.), aber auch auf Gehgeräusche bzw. Schallübertragungen

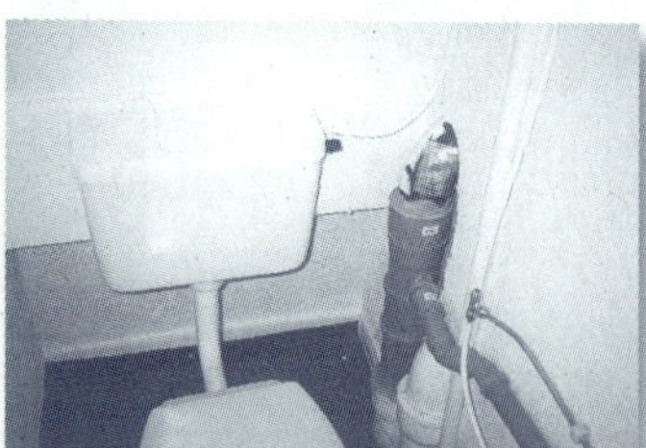

Veraltete Rohrführungen

müssen Sie achten. Hierzu können Sie z.B. die WC-Spülung einmal betätigen, während eine Sie begleitende Person in einem anderen Zimmer steht und auf die Schallübertragung achtet. Gleiches können Sie tun mit der Überprüfung von Trittschall, indem einer von Ihnen im ersten Geschoss läuft, während der andere im Erdgeschoss steht und auf Gehgeräusche achtet.

Auch für die Wohngeschosse entnehmen Sie bitte die einzelnen Prüfpunkte den Checklisten (▸▸ Seite 81 ff.)

Nach den Wohngeschossen kommen Sie dann zum Dachgeschoss, insoweit es sich nicht um ein Gebäude mit Flachdach handelt. Ist dies so, sollten Sie unbedingt auch das Flachdach selbst begehen. Bei Gebäuden mit Dachgeschoss gibt es grundsätzlich zwei Varianten, Gebäude mit nicht ausgebautem und Gebäude mit ausgebautem Dach. In letzterem Fall ist es wichtig, dass Sie möglichst viel über die vorhandene Dachdämmung und die Verkleidungsart der Schrägwände erfahren. Auch Anschlusspunkte wie Dachfenster und Gauben sollten Sie hier genau prüfen, insbesondere hinsichtlich Dichtheit und handwerklich sauberer Ausführung. Fragen Sie unbedingt auch, ob das Dach selbst ausgebaut oder ein Fachunternehmen damit beauftragt wurde. Des Weiteren beachten Sie bitte auch in diesen Geschossen die Prüfpunkte der Checklisten (▸▸ Seite 81 ff.)

Sanierungsbedürftiges Flachdach

Sanierungsbedürftige Dachgaube

Feuchteschaden im Dachraum

4

Bei nicht ausgebauten Dächern können Sie natürlich sehr viel genauer die Dachhaut untersuchen. Allerdings muss der Zustand des Daches bei nicht ausgebauten Dächern auch nicht in der Weise hundertprozentig sein wie bei ausgebauten Dächern, da hier im Falle einer Undichtigkeit nicht sofort und unmittelbar Wohnräume betroffen sind. Trotzdem sollte auch hier die Dachhaut in gutem Zustand sein. Wichtig ist aber auch, dass Sie darauf achten, ob der Boden des Dachgeschosses gedämmt ist, ob alle Unterspannbahnen dicht sind, ob das Holztragwerk des Dachstuhls trocken und frei von Schädlingen ist, ob die Durchstoßpunkte von Kamin und Entlüftern durch die Dachhaut dicht sind, ob die Dachein- und -ausstiege funktionstüchtig und benutzersicher sind etc.

Ungedämmter Dachstuhl

Dachflächenfenster

Fragen Sie in diesem Zusammenhang ruhig nach der letzten Generalsanierung des Daches oder ob es sich hierbei noch um das Originaldach handelt. Grundsätzlich lässt sich sagen, dass 50 Jahre für ein Dach und seine Aufbauten durchaus schon eine lange Zeit sind. Auch wenn das Holztragwerk an sich durchaus hundert Jahre stehen kann, so ist oft aber mindestens doch die Lattung recht spröde. Gleiches gilt für die Dachziegel. Diese sind häufig extremen Klimaschwankungen ausgesetzt, zum einen sehr großer Hitze und Sonneneinstrahlung, zum anderen Kälte, Frost, Regen, Schneefall und auch Hagel. Auch hier kommt es irgendwann ganz natürlicherweise zu Ermüdungserscheinungen. Die Dachpappe und, soweit vorhanden, auch die Dachfolien sind dagegen oft schon sehr viel früher durch Materialermüdung unbrauchbar.

Ziegel in Rinne

Falls es ohne Gefahr möglich ist, sollten Sie auch versuchen, über die Dachfläche eine Einsicht in die Regenrinnen zu nehmen, um deren inneren Zustand zu prüfen, hinsichtlich Korrosion, Verstopfung, Vermoosung oder hineingefallenen Ziegeln etc.

Machen Sie sich bei Ihrem Hausrundgang ruhig Notizen. Tragen Sie Ihre Beobachtungen am besten auch gleich in die Checklisten ein, fotografieren Sie Details, falls Sie dies für nötig halten. Trotz all dieser Dinge sollten Sie sich aber auch nicht zu sehr ablenken lassen von der Konzentration auf Ihren Vor-Ort-Termin und der Bildung eines Gesamteindrucks. Die Checklisten bieten Ihnen ein Grundgerüst, damit Sie nicht vergessen, alle Dinge intensiv und notfalls zweimal anzusehen, um besichtigte Gebäude später besser vergleichen zu können bzw. den Sanierungsbedarf eines Objektes einschätzen zu können.



**Lassen Sie sich Aussagen schriftlich bestätigen**

Kommt es seitens des Maklers oder Vorbesitzers zu Aussagen, an denen Sie erhebliche Zweifel haben, bitten Sie darum, dass er Ihnen dies schriftlich bestätigt.

Insgesamt sollten Sie bei Ihrem Rundgang vor allem darauf achten, ob Modernisierungsmaßnahmen an den kostenintensiven Gewerken, wie z.B. Heizungs-, Sanitär- und Elektroarbeiten, Dränagearbeiten im Außenbereich des Kellers, Dachdeckungsarbeiten, Schall- und Wärmeschutzarbeiten und schließlich auch Treppenbau oder Fensterarbeiten notwendig sind. Denn wenn Sie in diesen Bereichen Sanierungen vornehmen müssen, wird es schnell sehr teuer. Das heißt nicht, dass Sie das betreffende Haus nicht kaufen sollten, soweit es Ihnen ansonsten gefällt, dies heißt aber sehr wohl, dass Sie sich zuvor über weitere, möglicherweise sehr hohe Investitionskosten klar sein müssen, und dies vor allem auch bei der

Preisverhandlung berücksichtigen müssen. Dies betrifft nicht nur Sanierungsarbeiten, sondern auch Umbauarbeiten oder Anbauten, die zusätzlich finanziert werden müssen.

Aus diesem Grunde wird auf die spezifischen Probleme einer Haussanierung in Kapitel 5 des vorliegenden Buches eingegangen.

**Füllen Sie die Checkliste aus solange der erste Eindruck noch frisch ist**

Wenn Sie die Checklisten nicht direkt während der Hausbesichtigung ausfüllen wollen und Sie dies zu sehr ablenkt, können Sie dies auch unmittelbar nach der Hausbesichtigung tun, z.B. in Ruhe in einem Café einige Straßen weiter, unbedingt aber, solange der erste Eindruck noch frisch ist.

## Die Einschaltung von Fachleuten für die Hausbesichtigung

Unter Umständen kann es sehr wichtig sein, vor einer Kaufentscheidung bestimmte fachliche Aspekte zu klären. Folgende Fachleute können Ihnen dabei behilflich sein:

### Architekt

**Unterstützung bei der Einschätzung von Umbau- und Instandsetzungsmöglichkeiten**

Wenn Ihre Kaufentscheidung von den Umbaumöglichkeiten der in Frage kommenden Immobilie abhängt, kann es sinnvoll sein, zur Besichtigung einen Architekten mitzunehmen und vor Ort mit ihm die Möglichkeiten durchzusprechen. Auch bei Rissen oder Feuchtigkeitsproblemen im Dachbereich oder Keller kann der Fachmann helfen, Instandsetzungsmöglichkeiten abzuwägen und eine Einschätzung über die zu erwartenden Instandsetzungskosten abzugeben. Wenn Sie einen Architekten einschalten, wird dieser auf Stundensatzbasis tätig werden. Rechnen Sie mit Kosten von ca. 50–80 Euro pro Stunde.

Architekturbüros in Ihrer Nähe finden Sie im Branchenfernsprechbuch Ihrer Kommune oder Ihres Kreises unter dem Stichwort „Architekten oder Architekturbüros".

**Statiker**

Bei Fragen zu Veränderungsmöglichkeiten an tragenden Gebäudeteilen wie zum Beispiel neuen Deckendurchbrüchen für Treppen, neuen Öffnungen in tragenden Wänden, Änderungen an der Dachkonstruktion, Versetzen von Wänden u.Ä. kann ein Statiker mitunter verbindlichere Aussagen treffen als ein Architekt. Rechnen Sie hier ebenfalls mit 50–80 Euro pro Stunde. Auch Statikbüros in Ihrer Nähe finden Sie im Branchenfernsprechbuch Ihrer Kommune oder Ihres Kreises unter dem Stichwort „Statiker, Statikbüros, Baustatik".

**Veränderungen an tragenden Gebäudeteilen**

**Energieberater**

Der Energieberater kann Sie zum Umfang von notwendigen Modernisierungs- und Energieeinsparmaßnahmen beraten und außerdem prüfen, ob der Vorbesitzer alle erforderlichen Nachrüstungen nach der Energieeinsparverordnung (EnEV) und 1. Bundes-Immissionsschutzverordnung (1. BImSchV) durchgeführt hat. Sie müssen allerdings beachten, dass „Energieberater" kein geschützter Begriff ist und sich letztlich jeder so nennen kann. Wie auf Seite 56 f. erwähnt, sollten Sie bei einem Haus, dessen Kauf Sie ernstlich erwägen, auf einen durch das Bundesamt für Wirtschaft und Ausfuhrkontrolle (BAFA) zugelassenen Energieberater zurückgreifen. Wie dort ebenfalls geschildert, finden Sie eine Übersicht über alle von der BAFA zugelassenen Energieberater im Internet unter www.bafa.de.

**Umweltingenieur**

Bei alten Häusern oder Gebäuden z.B. mit unklaren Vornutzungen kann vor einer Kaufentscheidung auch ein Umweltingenieur eingeschaltet werden. Er untersucht beispielsweise das Trinkwasser (u.a. den Bleigehalt), kann Luftanalysen vornehmen (u.a. hinsichtlich der Formaldehydkonzentration) und Materialproben entnehmen (u.a. hinsichtlich gesundheitsgefährdender Verbindungen in Holzschutzmitteln). Ein sehr gute Übersicht über alle Schadstoffe, die in Wohnbereichen vorkommen, und darüber, wie man sie professionell analysieren kann, finden Sie in dem Ratgeber „Wohnen ohne Gift" der Stiftung Warentest. Der Ratgeber enthält auch zahlreiche Adressen von Umwelt- und Analyseinstituten.

**Übersicht über alle Schadstoffe, die in Wohnbereichen vorkommen**

## Checklisten für die Hausbesichtigung

Die nachfolgenden Checklisten geben einen Besichtigungsverlauf vor, bei dem das Haus zunächst von außen besichtigt wird, um einen Überblick zu bekommen. Danach folgt die Innenbegehung vom Keller bis zum obersten Geschoss. So haben Sie eine große Sicherheit nichts zu übersehen. Sie können es sich auch ganz einfach machen und fragen, ob Sie Ihren Hausrundgang filmen dürfen. Dann können Sie diesen Film zu Hause in Ruhe ansehen und mit den Checklisten abgleichen.

Es ist sinnvoll, die Checklisten einmal an dem Miet- oder Eigentumsobjekt auszuprobieren, in dem Sie gegenwärtig wohnen. Sie bekommen dadurch ein Gefühl für eine intensive und strukturierte Gebäudebesichtigung.

**Tipp**

Um den weiteren Prozess beim Kauf eines gebrauchten Hauses praktisch zu begleiten, wird die Verbraucherzentrale im Mai 2010 einen Ergänzungsband „Kauf eines gebrauchten Hauses: Die Checklisten" herausgeben. Er hilft u.a. dabei, bei einer Folgebesichtigung gezielt bestimmte Mängel unter die Lupe zu nehmen. Siehe auch Seite 184.

Foto des besichtigten Objekts

Straße und Haus-Nr.:

PLZ und Ort:

Name der Kontaktperson:

Telefon-Nr. der Kontaktperson:

## Teil A: Außenbesichtigung

| 1.0 | **Außenwände** |
| --- | --- |
| 1.1 | Aus welchem Material sind die Außenwände?<br>☐ Holz<br>☐ Stein<br>☐ Beton |
| 1.2 | Bei Holz: Holzart und Wandaufbau:<br>______________________________ |
| 1.3 | Bei Stein: Steinart und Wandaufbau:<br>______________________________<br>☐ Isolierung/Wärmeschutz vorhanden<br>☐ Zweischalige Außenwand vorhanden |
| 1.4 | Bei Keller: Aus welchem Material sind die Kellerwände?<br>☐ Beton<br>☐ Stein. Und aus welcher Steinart exakt?<br>______________________________ |
| 1.5 | Mit welchem System sind Kellerwände und Fundamentplatte gegen Feuchtigkeit abgedichtet?<br>☐ Bodensperrschicht (bestehend aus Kiesschicht, Folie bzw. Schweißbahn, Betonboden)<br>☐ Horizontalsperrschicht (bestehend aus z.B. einer Dachpappenbahn oberhalb der ersten Steinlage, die von dort hinunter auf die Fußbodensperrschicht geführt wird)<br>☐ Vertikale Kelleraußenwandsperrschicht auf voller Kellerwandhöhe (bestehend aus Zementmörtel, bitumengebundenem Anstrich oder zementgebundenen Dichtungsschlämmen inklusive Hohlkehlenausbildung am Fundamentsockel, Dränschicht, Filtervlies, Kiesschüttung, umlaufendem Dränagerohr)<br>☐ Außensperrputz im Sockelbereich gegen Spritzwasser<br>☐ unbekannt, keine Angaben |

## Teil A: Außenbesichtigung

| Schäden / schadhafte Teile / Probleme | | keine | einige | viele |
|---|---|---|---|---|
| **1.0** | **Außenwände** | | | |
| 1.6 | Gibt es Stellen im Sockelbereich, die feucht sind? | ☐ | ☐ | ☐ |
| 1.7 | Hat der Sockelbereich Risse? | ☐ | ☐ | ☐ |
| 1.8 | Gibt es um den Sockelbereich herum Stellen, an denen eine Dränage oder Kiesverfüllung vollkommen fehlt? | ☐ | ☐ | ☐ |
| 1.9 | Gibt es Stellen, an denen das Erdreich ohne Schutz direkt an die Hauswand läuft? | ☐ | ☐ | ☐ |
| 1.10 | Gibt es in Mauerwerk und Putz Risse? | ☐ | ☐ | ☐ |
| 1.11 | Gibt es Stellen, an denen die Ziegelreihen des Außenmauerwerks nicht geradlinig verlaufen? | ☐ | ☐ | ☐ |
| 1.12 | Gibt es Stellen, an denen der Mörtel zwischen den Ziegelreihen porös bzw. mürbe ist (Kratztest)? | ☐ | ☐ | ☐ |
| 1.13 | Gibt es lose bzw. hohle Stellen unter dem Putz (Klopftest)? | ☐ | ☐ | ☐ |
| 1.14 | Bei Wandverkleidungen aus Holzschindeln: Gibt es verwitterte oder lose Schindeln? | ☐ | ☐ | ☐ |
| 1.15 | Gibt es Bereiche, wo die Unterkonstruktion der Schindeln zu sehen ist? | ☐ | ☐ | ☐ |
| 1.16 | Gibt es in der Unterkonstruktion morsche oder verfaulte Latten? | ☐ | ☐ | ☐ |
| 1.17 | Gibt es an Mauerwerksstellen unterhalb von Dachüberständen, Regenrinnen, Fenstern etc. Flecken durch Feuchtigkeit? | ☐ | ☐ | ☐ |
| 1.18 | Gibt es bröckelige und mürbe Wandziegel? | ☐ | ☐ | ☐ |
| 1.19 | Befinden sich weiße Ablagerungen an alten Mauern? | ☐ | ☐ | ☐ |

## Teil A: Außenbesichtigung

| Schäden / schadhafte Teile / Probleme | | keine | einige | viele |
|---|---|---|---|---|
| **1.0** | **Außenwände** | | | |
| 1.20 | Gibt es Lüftungsziegel und Lüftungsöffnungen, die undurchlässig oder verstopft sind? | ☐ | ☐ | ☐ |
| 1.21 | Gibt es Putzschienen an den Haus- und Fensterkanten etc., die nicht eingeputzt sind bzw. hervorschauen? | ☐ | ☐ | ☐ |
| 1.22 | Bei Gebäuden mit außenliegender Wärmedämmung: Gibt es Stellen, wo der Vollwärmeschutz durch Undichtigkeiten hinsichtlich eindringender Feuchtigkeit gefährdet ist (offene oder gerissene Fugen etc.)? | ☐ | ☐ | ☐ |
| **2.0** | **Türen, Fenster** | | | |
| 2.1 | Gibt es Türen, die schief im Rahmen sitzen oder schleifen? | ☐ | ☐ | ☐ |
| 2.2 | Sind Türbänder zu erkennen, die rosten oder aus dem Rahmen brechen? | ☐ | ☐ | ☐ |
| 2.3 | Bei Holztüren: Gibt es Stellen, die einen verwitterten Eindruck machen? | ☐ | ☐ | ☐ |
| 2.4 | Sind Stellen mit Anzeichen von Fäulnis erkennbar? | ☐ | ☐ | ☐ |
| 2.5 | Bei Kunststofftüren: Gibt es Stellen, die einen stumpfen oder vergilbten Eindruck machen? | ☐ | ☐ | ☐ |
| 2.6 | Bei Metalltüren: Gibt es Stellen, die verbogen sind oder rosten? | ☐ | ☐ | ☐ |
| 2.7 | Gibt es Fenster, die keine Isolierglasscheiben haben? | ☐ | ☐ | ☐ |
| 2.8 | Sind Fenster zu erkennen, die schief im Rahmen sitzen? | ☐ | ☐ | ☐ |
| 2.9 | Sind Fensterbänder zu erkennen, die rosten oder aus dem Rahmen brechen? | ☐ | ☐ | ☐ |
| 2.10 | Bei Holzfenstern: Gibt es Stellen, die einen verwitterten Eindruck machen? | ☐ | ☐ | ☐ |

## Teil A: Außenbesichtigung

| Schäden / schadhafte Teile / Probleme | | keine | einige | viele |
|---|---|---|---|---|
| **2.0** | **Türen und Fenster** | | | |
| 2.11 | Sind Stellen mit abplatzendem Lack erkennbar? | ☐ | ☐ | ☐ |
| 2.12 | Sind Stellen mit Anzeichen von Fäulnis erkennbar? | ☐ | ☐ | ☐ |
| 2.13 | Bei Kunststofffenstern: Gibt es Stellen, die einen stumpfen oder vergilbten Eindruck machen? | ☐ | ☐ | ☐ |
| 2.14 | Bei Metallfenstern: Gibt es Stellen, die verbogen sind oder rosten? | ☐ | ☐ | ☐ |
| 2.15 | Gibt es Fenstergläser mit Kratzern, Sprüngen oder Blindstellen? | ☐ | ☐ | ☐ |
| **3.0** | **Rollläden, Klappläden** | | | |
| 3.1 | Sind Rollläden erkennbar, die sich nicht vollständig öffnen und schließen lassen? | ☐ | ☐ | ☐ |
| 3.2 | Sind Rollläden erkennbar, die schief hängen? | ☐ | ☐ | ☐ |
| 3.3 | Gibt es Rollläden, die stark ausgebleicht sind? | ☐ | ☐ | ☐ |
| 3.4 | Gibt es Rollläden, deren Lamellen einen mürben Eindruck machen? | ☐ | ☐ | ☐ |
| 3.5 | Bei Holzrollläden: Gibt es Rollläden, die einen verwitterten Eindruck machen? | ☐ | ☐ | ☐ |
| 3.6 | Gibt es Rollläden, bei denen in größerem Umfang Farbe abgeplatzt ist? | ☐ | ☐ | ☐ |
| 3.7 | Gibt es verbogene oder beschädigte Rollladen-laufschienen? | ☐ | ☐ | ☐ |
| 3.8 | Gibt es Rollladenlaufschienen, die rostig sind? | ☐ | ☐ | ☐ |
| 3.9 | Gibt es verbogene oder rostende Rollladenlamellen-klammern? | ☐ | ☐ | ☐ |

4

## Teil A: Außenbesichtigung

| Schäden / schadhafte Teile / Probleme | | keine | einige | viele |
|---|---|---|---|---|
| **3.0** | **Rollläden, Klappläden** | | | |
| 3.10 | Gibt es Rollläden, die sich nicht vollständig öffnen und schließen lassen? | ☐ | ☐ | ☐ |
| 3.11 | Sind Klappläden erkennbar, die schief hängen? | ☐ | ☐ | ☐ |
| 3.12 | Gibt es Klappläden, die stark ausgebleicht sind? | ☐ | ☐ | ☐ |
| 3.13 | Gibt es Klappläden, die einen verwitterten Eindruck machen? | ☐ | ☐ | ☐ |
| 3.14 | Gibt es Klappläden, bei denen in größerem Umfang Farbe abgeplatzt ist? | ☐ | ☐ | ☐ |
| 3.15 | Gibt es Klapplädenbänder (Scharniere), die verbogen oder beschädigt sind? | ☐ | ☐ | ☐ |
| 3.16 | Gibt es Klapplädenbänder, die rostig sind? | ☐ | ☐ | ☐ |
| **4.0** | **Außenbauteile (Terrassen, Balkone, Loggien, Treppen etc.)** | | | |
| 4.1 | Gibt es Stellen mit losem oder bröckeligem Mörtel? | ☐ | ☐ | ☐ |
| 4.2 | Gibt es Stellen mit losem oder bröckeligem Fliesen-/Steinbelag? | ☐ | ☐ | ☐ |
| 4.3 | Gibt es Schwachpunktstellen bei der Montage von Metall in Beton (z.B. Geländerfüße rostig etc.)? | ☐ | ☐ | ☐ |
| 4.4 | Ist das Geländer an bestimmten Stellen rostig? | ☐ | ☐ | ☐ |
| 4.5 | Gibt es Stellen mit problematischen Bodenanschlüssen an Außentüren (Undichtigkeiten, Feuchte etc.)? | ☐ | ☐ | ☐ |
| 4.6 | Haben die Terrassen, Balkone und Treppen defekte Wasserabflüsse (Gefälle, Tropfkanten, Abläufe etc.)? | ☐ | ☐ | ☐ |

## Teil A: Außenbesichtigung

**Schäden / schadhafte Teile / Probleme**

| **5.0** | **Dach, Dacheindeckung, Regenrinnen, Kamine, Gauben** | **keine** | **einige** | **viele** |
|---|---|---|---|---|
| 5.1 | Gibt es Stellen, an denen die Dachfirstlinie stark von der Ideallinie einer Geraden abweicht? | ☐ | ☐ | ☐ |
| 5.2 | Sehen Sie lose Dachziegel oder Schieferplatten etc.? | ☐ | ☐ | ☐ |
| 5.3 | Gibt es Stellen mit unvollständiger Dachdeckung (fehlende Ziegel, beschädigte Ziegel)? | ☐ | ☐ | ☐ |
| 5.4 | Gibt es stark verwitterte, mürbe, gebrochene oder zersetzte Ziegel? | ☐ | ☐ | ☐ |
| 5.5 | Sind die Firstziegel gut vermörtelt (Fernglas)? | ☐ | ☐ | ☐ |
| 5.6 | Gibt es korrodierte oder lose Metalldächer oder Vordächer (Rütteltest)? | ☐ | ☐ | ☐ |
| 5.7 | Gibt es korrodierte oder gerissene Kaminverwahrungen (Übergangsbleche von Kamin auf Dachfläche) bzw. Gaubenverblechungen? | ☐ | ☐ | ☐ |
| 5.8 | Hat der Schornstein Schäden (Ausblühungen, Risse, schiefer Stand)? | ☐ | ☐ | ☐ |
| 5.9 | Sind Dachkehlen von Verstopfungen, Korrosion oder Rissen betroffen? | ☐ | ☐ | ☐ |
| 5.10 | Gibt es durchhängende Regenrinnen, in denen Wasser steht? | ☐ | ☐ | ☐ |
| 5.11 | Gibt es Undichtigkeiten an den Regenfallrohren? | ☐ | ☐ | ☐ |
| 5.12 | Sind an Regenrinnen Schäden erkennbar (defekt, rostig, nicht ausreichend befestigt)? | ☐ | ☐ | ☐ |
| 5.13 | Gibt es Verstopfungen der Regenrinnen (Blätter, Gegenstände)? | ☐ | ☐ | ☐ |

## Teil A: Außenbesichtigung

**Schäden / schadhafte Teile / Probleme**

| | | keine | einige | viele |
|---|---|---|---|---|
| **6.0** | **Zusatzbauten (Garagen, Schuppen, Gartenmauern etc.)** | | | |
| 6.1 | Gibt es Schäden an der Zufahrt (Schlaglöcher, keine ausreichende Befestigung des Fahrflächenbelags etc.)? | ☐ | ☐ | ☐ |
| 6.2 | Gibt es feuchte Stellen im Mauerwerk von Garagen? | ☐ | ☐ | ☐ |
| 6.3 | Gibt es undichte Stellen im Garagendach? | ☐ | ☐ | ☐ |
| 6.4 | Gibt es verwitterte oder korrodierte Türen? | ☐ | ☐ | ☐ |
| 6.5 | Gibt es verwitterte oder korrodierte Fenster? | ☐ | ☐ | ☐ |
| 6.6 | Gibt es Türen, Fenster oder Tore, die nicht abschließbar sind? | ☐ | ☐ | ☐ |
| 6.7 | Gibt es elektrische Bedienungen (Tor-, Türöffnungen), die nicht oder nicht gut funktionieren? (Vorführen lassen!) | ☐ | ☐ | ☐ |
| 6.8 | Gibt es faulige Stellen bei Holz-Car-Ports? | ☐ | ☐ | ☐ |
| **7.0** | **Garten** | | | |
| 7.1 | Gibt es Pflanzen mit sichtbaren Anzeichen von Krankheiten? | ☐ | ☐ | ☐ |
| 7.2 | Gibt es Gartenwege ohne ausreichende Befestigung? | ☐ | ☐ | ☐ |
| 7.3 | Gibt es korrodierte, verwitterte oder kaputte Zäune und Tore? | ☐ | ☐ | ☐ |
| 7.4 | Gibt es defekte oder korrodierte Elemente einer Gartenbeleuchtung? | ☐ | ☐ | ☐ |

**Teil B: Innenbesichtigung** **I. Keller**

| Schäden / schadhafte Teile / Probleme | | keine | einige | viele |
|---|---|---|---|---|
| **8.0** | **Hausanschlussraum** | | | |
| | (Neben den nachfolgend aufgeführten speziellen Prüfpunkten müssen in Hausanschlussräumen zusätzlich auch die allgemeinen Prüfpunkte für Kellerräume beachtet werden – siehe Punkt 11.) | | | |
| 8.1 | Gibt es feuchte oder undichte Stellen bei den Rohr- und Kabeldurchgängen vom öffentlichen Netz durch die Kellerwand ins Haus? | ☐ | ☐ | ☐ |
| 8.2 | Gibt es Rost oder Verkrustungen an Rohren (Hinweis auf undichte Stellen)? | ☐ | ☐ | ☐ |
| 8.3 | Gibt es Leitungen, Hähne und Ventile ohne Kennzeichnung (Reparatur, Wartung, Außerbetriebnahme, Inbetriebnahme etc.)? | ☐ | ☐ | ☐ |
| 8.4 | Hat der Raum Platzprobleme für Nachrüstungen (z.B. Fernwärmeanschluss etc.)? | ☐ | ☐ | ☐ |
| 8.5 | Gibt es Stellen mit muffigem Geruch (hohe Raumluftfeuchte, Korrosionsgefahr)? | ☐ | ☐ | ☐ |
| 8.6 | Gibt es Risse in den Grundmauern? | ☐ | ☐ | ☐ |
| 8.7 | Gibt es Risse im Boden-Wandanschluss? | ☐ | ☐ | ☐ |
| **9.0** | **Heizungszentrale und Brennstofflager** | | | |
| | (Neben den nachfolgend aufgeführten speziellen Prüfpunkten müssen in Heizungsräumen und Brennstofflagern zusätzlich auch die allgemeinen Prüfpunkte für Kellerräume beachtet werden – siehe Punkt 11.) | | | |
| 9.1 | Welches Heizsystem ist im betreffenden Haus installiert?<br>☐ Zentralheizung<br>☐ Raumweise Einzelfeuerungsanlagen | | | |

| Teil B: Innenbesichtigung | I. Keller |
|---|---|
| **9.0** | **Heizungszentrale und Brennstofflager** |
| 9.2 | Welches Betriebssystem ist im Haus installiert?<br>☐ Gasbrenner mit Heizkessel<br>☐ Ölbrenner mit Heizkessel<br>☐ Heizkesselanlage für Festbrennstoffe<br>☐ Fernwärme mit Übergabestation<br>☐ Sonstiges:<br>____________________ |
| 9.3 | Bei Brennerheizung: Welches Baujahr hat der Brenner? Welcher Typ welches Herstellers ist eingebaut?<br>____________________ |
| 9.4 | Welches Baujahr hat der Heizkessel? Welcher Typ welches Herstellers ist eingebaut?<br>____________________ |
| 9.5 | Bei Fernwärmeheizung: Welches Baujahr hat die Fernwärmeübergabestation? Welcher Typ welches Herstellers ist eingebaut?<br>____________________ |
| 9.6 | Bei Festbrennstoff-Heizkesselheizung: Welches Baujahr hat der Festbrennstoffkessel? Welcher Typ welches Herstellers ist eingebaut?<br>____________________ |
| 9.7 | Wann wurde die letzte Wartung durchgeführt und durch wen (Heizungsfachbetrieb)?<br>____________________ |
| 9.8 | Gibt es einen Wartungsvertrag? (Lassen Sie sich ihn zeigen!)<br>____________________ |
| 9.9 | Ist die Heizung zum Zeitpunkt Ihrer Besichtigung in Betrieb?<br>____________________ |

## Teil B: Innenbesichtigung — I. Keller

| 9.0 | Heizungszentrale und Brennstofflager |
|---|---|
| 9.10 | Macht sie ungewöhnliche Geräusche oder hat sie eher einen runden Lauf? ____________________ |
| 9.11 | Steht die Brenneranlage mit Kessel auf einem schallgedämmten Fundament? ____________________ |
| 9.12 | Bei Ölheizung: Welches Fassungsvolumen hat der Öltank? ____________________ |
| 9.13 | Ist der Öltank im Keller untergebracht oder außerhalb des Hauses (z.B. unterirdisch im Gartenbereich)? ____________________ |

| Schäden / schadhafte Teile / Probleme | | keine | einige | viele |
|---|---|---|---|---|
| 9.14 | Gibt es korrodierte oder undichte Stellen am Tank? | ☐ | ☐ | ☐ |
| 9.15 | Gibt es undichte Hähne oder Ventile am Tank? | ☐ | ☐ | ☐ |
| 9.16 | Gibt es Funktionsstörungen der Messuhr am Tank? | ☐ | ☐ | ☐ |
| 9.17 | Gibt es korrodierte oder undichte Stellen an den Zuleitungen zum Brenner? | ☐ | ☐ | ☐ |
| 9.18 | Gibt es undichte Hähne oder Ventile an den Zuleitungen zum Brenner? | ☐ | ☐ | ☐ |
| 9.19 | Gibt es Stellen, die stark nach Öl riechen? | ☐ | ☐ | ☐ |
| 9.20 | Gibt es Funktionsstörungen des Alarmsystems bei Tanklecks? | ☐ | ☐ | ☐ |
| 9.21 | Gibt es Funktionsstörungen der Füllstandsanzeige des Tanks? | ☐ | ☐ | ☐ |
| 9.22 | Wie alt ist der Tank? ____________________ | | | |

## Teil B: Innenbesichtigung — I. Keller

| 9.0 | Heizungszentrale und Brennstofflager |
|---|---|
| 9.23 | Gab es Reparaturen am Tank? ______ |
| 9.24 | Wann wurde der Tank das letzte Mal gereinigt? ______ |
| 9.25 | Ist die Betankungsanlage von außen einfach zugänglich, aber gut sicherbar? ______ |
| 9.26 | Ist der Tankraum ausreichend gegen auslaufendes Öl gesichert? ______ |
| 9.27 | Wie alt sind die Heizungspumpen und von welchem Hersteller sind sie? ______ |
| 9.28 | Wie alt sind die Heizungsrohre und aus welchem Material sind sie? ______ |
| 9.29 | Gibt es funktionierende Sicherheitseinrichtungen, wie ein Ausdehnungsgefäß und Sicherheitsventile? ______ |

| Schäden / schadhafte Teile / Probleme | | keine | einige | viele |
|---|---|---|---|---|
| 9.30 | Gibt es Risse in den Grundmauern? | ☐ | ☐ | ☐ |
| 9.31 | Gibt es Risse im Boden-Wandanschluss? | ☐ | ☐ | ☐ |
| 9.32 | Gibt es Kupferleitungen, die zusammen mit verzinkten Leitungen verbaut sind (Korrosionsgefahr)? | ☐ | ☐ | ☐ |
| 9.33 | Gibt es Durchlüftungsprobleme aufgrund einer zu geringen Anzahl oder zu kleiner Fenster? | ☐ | ☐ | ☐ |

## Teil B: Innenbesichtigung — I. Keller

| Schäden / schadhafte Teile / Probleme | | keine | einige | viele |
|---|---|---|---|---|
| **10.0** | **Waschküchen** | | | |
| | (Neben den nachfolgend aufgeführten speziellen Prüfpunkten müssen in Waschküchen zusätzlich auch die allgemeinen Prüfpunkte für Kellerräume beachtet werden – siehe Punkt 11.) | | | |
| 10.1 | Gibt es Stellen, die so beschaffen sind, dass sie keinen ausreichenden Wasserschutz bieten (ohne wasserfesten Farbanstrich, nicht gefliest etc.)? | ☐ | ☐ | ☐ |
| 10.2 | Gibt es Risse in den Grundmauern? | ☐ | ☐ | ☐ |
| 10.3 | Gibt es Risse im Boden-Wandanschluss? | ☐ | ☐ | ☐ |
| 10.4 | Gibt es tiefe Bodenbereiche ohne Bodenablauf? | ☐ | ☐ | ☐ |
| 10.5 | Gibt es Rost oder Verkrustungsspuren am Bodenablauf? | ☐ | ☐ | ☐ |
| 10.6 | Gibt es Probleme beim Wasserabfluss? (Gießen Sie einen Eimer Wasser über dem Bodeneinlauf aus und beobachten Sie die Abflussgeschwindigkeit!) | ☐ | ☐ | ☐ |
| 10.7 | Gibt es Wasseranschlussprobleme für das Stellen einer Waschmaschine? | ☐ | ☐ | ☐ |
| 10.8 | Gibt es ein Platzproblem für ein erhöhtes Podest als Stellplatz für die Waschmaschine (Schutz der Maschine vor auslaufendem Wasser)? | ☐ | ☐ | ☐ |
| 10.9 | Gibt es ein Wasseranschlussproblem für ein Handwaschbecken? | ☐ | ☐ | ☐ |
| 10.10 | Soweit bereits vorhanden: Gibt es helle, metallische Geräusche beim Öffnen eines Hahnes (Hinweis auf Druckprobleme in den Leitungen)? | ☐ | ☐ | ☐ |
| 10.11 | Gibt es Hähne ohne ausreichenden Wasserfluss? | ☐ | ☐ | ☐ |
| 10.12 | Gibt es undichte Hähne? | ☐ | ☐ | ☐ |

## Teil B: Innenbesichtigung — I. Keller

| Schäden / schadhafte Teile / Probleme | | keine | einige | viele |
|---|---|---|---|---|
| **10.0** | **Waschküchen** | | | |
| 10.13 | Gibt es Waschbecken mit schlechtem Wasserablauf? | ☐ | ☐ | ☐ |
| 10.14 | Gibt es Kupferleitungen, die zusammen mit verzinkten Leitungen verbaut sind (Korrosionsgefahr)? | ☐ | ☐ | ☐ |
| 10.15 | Gibt es Durchlüftungsprobleme aufgrund einer zu geringen Anzahl oder zu kleiner Fenster? | ☐ | ☐ | ☐ |
| **11.0** | **Kellerräume Allgemein** | | | |
| 11.1 | Gibt es Stellen, an denen der Fußboden keinen waagerechten Verlauf hat? (Wasserwaagentest) | ☐ | ☐ | ☐ |
| 11.2 | Gibt es Stellen, an denen Wände und Decken keinen senkrechten bzw. waagerechten Verlauf haben? | ☐ | ☐ | ☐ |
| 11.3 | Gibt es an Wänden und Decke Stellen mit Rissen im Mauerwerk oder Putz? (Ecken beachten!) | ☐ | ☐ | ☐ |
| 11.4 | Gibt es Risse in den Grundmauern? | ☐ | ☐ | ☐ |
| 11.5 | Gibt es Risse im Boden-Wandanschluss? | ☐ | ☐ | ☐ |
| 11.6 | Gibt es Stellen mit schlechter Oberflächenbeschaffenheit (Flecken, Ausblühungen)? | ☐ | ☐ | ☐ |
| 11.7 | Gibt es Stellen mit losem Putz und Wandauswölbungen? | ☐ | ☐ | ☐ |
| 11.8 | Gibt es Stellen mit einem schlechten Zustand der Bodenbeläge (Rohboden, Estrich, Fliesen)? | ☐ | ☐ | ☐ |
| 11.9 | Hat die Abdeckung des Kontrollschachts Risse? | ☐ | ☐ | ☐ |
| 11.10 | Gibt es im Falle von Holzbalkendecken angefaulte oder morsche Balken, die vom Keller aus sichtbar sind? | ☐ | ☐ | ☐ |
| 11.11 | Gibt es im Falle von Stahlträgerdecken rostige oder brüchige Träger, die vom Keller aus sichtbar sind? | ☐ | ☐ | ☐ |

| Teil B: Innenbesichtigung | | I. Keller | | |
|---|---|---|---|---|
| **Schäden / schadhafte Teile / Probleme** | | **keine** | **einige** | **viele** |
| **11.0** | **Kellerräume Allgemein** | | | |
| 11.12 | Riecht es in Kellerräumen muffig (Zeichen für schadhafte Isolierung)? | ☐ | ☐ | ☐ |
| 11.13 | Gibt es feuchte Wände oder Fußböden? | ☐ | ☐ | ☐ |
| 11.14 | Gibt es Außen- bzw. Innenwände ohne eine horizontale Feuchtigkeitssperre (z.B. eingelegter Streifen Dachpappe unter oder oberhalb der ersten Steinlage des Kellermauerwerks)? | ☐ | ☐ | ☐ |
| 11.15 | Gibt es Räume ohne Elektroanschluss? | ☐ | ☐ | ☐ |
| 11.16 | Gibt es Elektroleitungen in schlechtem Zustand (brüchig, schlecht isoliert etc.)? | ☐ | ☐ | ☐ |
| 11.17 | Gibt es Rohrleitungen in schlechtem Zustand (Rost, Korrosion, Undichtigkeiten)? | ☐ | ☐ | ☐ |
| 11.18 | Gibt es Rohrleitungen ohne ausreichende Schallisolierung (Rohrschellen ohne Gummieinlage)? | ☐ | ☐ | ☐ |
| 11.19 | Gibt es Räume ohne ausreichende direkte Außenbelüftung? | ☐ | ☐ | ☐ |
| 11.20 | Gibt es Durchlüftungsprobleme aufgrund einer zu geringen Anzahl oder zu kleiner Fenster? | ☐ | ☐ | ☐ |
| 11.21 | Gibt es Türen, die schief im Rahmen sitzen oder schleifen? | ☐ | ☐ | ☐ |
| 11.22 | Sind Türbänder zu erkennen, die rosten oder aus dem Rahmen brechen? | ☐ | ☐ | ☐ |
| 11.23 | Bei Holztüren: Gibt es Stellen, die einen verwitterten Eindruck machen? | ☐ | ☐ | ☐ |
| 11.24 | Sind Stellen mit Anzeichen von Fäulnis erkennbar? | ☐ | ☐ | ☐ |

## Teil B: Innenbesichtigung — I. Keller

| Schäden / schadhafte Teile / Probleme | | keine | einige | viele |
|---|---|---|---|---|
| **11.0** | **Kellerräume Allgemein** | | | |
| 11.25 | Bei Kunststofftüren: Gibt es Stellen, die einen stumpfen oder vergilbten Eindruck machen? | ☐ | ☐ | ☐ |
| 11.26 | Bei Metalltüren: Gibt es Stellen, die verbogen sind oder rosten? | ☐ | ☐ | ☐ |
| 11.27 | Gibt es Fenster in beheizten Räumen, die keine Isolierverglasung haben? | ☐ | ☐ | ☐ |
| 11.28 | Sind Fenster zu erkennen, die schief im Rahmen sitzen? | ☐ | ☐ | ☐ |
| 11.29 | Bei Holzfenstern: Sind Stellen mit Anzeichen von Fäulnis erkennbar? | ☐ | ☐ | ☐ |
| 11.30 | Gibt es Stellen, die einen verwitterten Eindruck machen? | ☐ | ☐ | ☐ |
| 11.31 | Sind Stellen mit abplatzendem Lack erkennbar? | ☐ | ☐ | ☐ |
| 11.32 | Sind Stellen mit Anzeichen von Fäulnis erkennbar? | ☐ | ☐ | ☐ |
| 11.33 | Sind Fensterbänder zu erkennen, die rosten oder aus dem Rahmen brechen? | ☐ | ☐ | ☐ |
| 11.34 | Bei Kunststofffenstern: Gibt es Stellen, die einen stumpfen oder vergilbten Eindruck machen? | ☐ | ☐ | ☐ |
| 11.35 | Bei Metallfenstern: Gibt es Stellen, die verbogen sind oder rosten? | ☐ | ☐ | ☐ |
| 11.36 | Gibt es Fenstergläser mit Kratzern, Sprüngen oder Blindstellen? | ☐ | ☐ | ☐ |
| **12.0** | **Wohnräume im Keller** | | | |
| 12.1 | Gibt es Kellerräume, die als Wohnräume vorgeführt werden, die eine geringere lichte Raumhöhe als 2,30 m haben (damit wären sie offiziell nicht als Wohnräume zugelassen)? | ☐ | ☐ | ☐ |

| Teil B: Innenbesichtigung | | I. Keller | | |
|---|---|---|---|---|
| Schäden / schadhafte Teile / Probleme | | keine | einige | viele |
| **12.0** | **Wohnräume im Keller** | | | |
| 12.2 | Gibt es Stellen, an denen der Fußboden keinen waagerechten Verlauf hat? (Wasserwaagentest) | ☐ | ☐ | ☐ |
| 12.3 | Gibt es Stellen, an denen Wände und Decken keinen senkrechten bzw. waagerechten Verlauf haben? | ☐ | ☐ | ☐ |
| 12.4 | Gibt es an Wänden und Decken Stellen mit Rissen im Mauerwerk oder Verputz? (Ecken beachten!) | ☐ | ☐ | ☐ |
| 12.5 | Gibt es Risse in den Grundmauern? | ☐ | ☐ | ☐ |
| 12.6 | Gibt es Risse im Boden-Wandanschluss? | ☐ | ☐ | ☐ |
| 12.7 | Gibt es Stellen mit schlechter Oberflächenbeschaffenheit (Flecken, Ausblühungen)? | ☐ | ☐ | ☐ |
| 12.8 | Gibt es Stellen mit losem Putz und Wandauswölbungen? | ☐ | ☐ | ☐ |
| 12.9 | Gibt es Stellen mit einem schlechten Zustand der Bodenbeläge (Teppichboden, Fliesen, Linoleum, Parkett, Dielen)? | ☐ | ☐ | ☐ |
| 12.10 | Gibt es Böden, die nicht wärmegedämmt sind? | ☐ | ☐ | ☐ |
| 12.11 | Gibt es im Falle von Holzbalkendecken angefaulte oder morsche Balken, die vom Keller aus sichtbar sind? | ☐ | ☐ | ☐ |
| 12.12 | Gibt es im Falle von Stahlträgerdecken rostige oder brüchige Träger, die vom Keller aus sichtbar sind? | ☐ | ☐ | ☐ |
| 12.13 | Riecht es in Kellerräumen muffig (Zeichen für schadhafte Isolierung)? | ☐ | ☐ | ☐ |
| 12.14 | Gibt es feuchte Wände oder Fußböden? | ☐ | ☐ | ☐ |
| 12.15 | Gibt es Wände ohne eine horizontale Feuchtigkeitssperre (z.B. eingelegter Streifen Dachpappe unter oder oberhalb der ersten Steinlage des Kellermauerwerks)? | ☐ | ☐ | ☐ |

## Teil B: Innenbesichtigung — I. Keller

| Schäden / schadhafte Teile / Probleme | | keine | einige | viele |
|---|---|---|---|---|
| **12.0** | **Wohnräume im Keller** | | | |
| 12.16 | Gibt es Tageslicht- oder Durchlüftungsprobleme aufgrund einer zu geringen Anzahl oder zu kleiner Fenster? | ☐ | ☐ | ☐ |
| 12.17 | Gibt es Türen, die schief im Rahmen sitzen oder schleifen? | ☐ | ☐ | ☐ |
| 12.18 | Bei Holztüren: Sind Stellen mit Anzeichen von Fäulnis erkennbar? | ☐ | ☐ | ☐ |
| 12.19 | Bei Kunststofftüren: Gibt es Stellen, die einen stumpfen oder vergilbten Eindruck machen? | ☐ | ☐ | ☐ |
| 12.20 | Bei Metalltüren: Gibt es Stellen, die verbogen sind oder rosten? | ☐ | ☐ | ☐ |
| 12.21 | Sind Türbänder zu erkennen, die rosten oder aus dem Rahmen brechen? | ☐ | ☐ | ☐ |
| 12.22 | Gibt es Fenster, die keine Isolierverglasung haben? | ☐ | ☐ | ☐ |
| 12.23 | Sind Fenster zu erkennen, die schief im Rahmen sitzen? | ☐ | ☐ | ☐ |
| 12.24 | Bei Holzfenstern: Sind Stellen mit Anzeichen von Fäulnis erkennbar? | ☐ | ☐ | ☐ |
| 12.25 | Gibt es Stellen, die einen verwitterten Eindruck machen? | ☐ | ☐ | ☐ |
| 12.26 | Sind Stellen mit abplatzendem Lack erkennbar? | ☐ | ☐ | ☐ |
| 12.27 | Bei Kunststofffenstern: Gibt es Stellen, die einen stumpfen oder vergilbten Eindruck machen? | ☐ | ☐ | ☐ |
| 12.28 | Bei Metallfenstern: Gibt es Stellen, die verbogen sind oder rosten? | ☐ | ☐ | ☐ |
| 12.29 | Sind Fensterbänder zu erkennen, die rosten oder aus dem Rahmen brechen? | ☐ | ☐ | ☐ |

| Schäden / schadhafte Teile / Probleme | | keine | einige | viele |
|---|---|---|---|---|
| **12.0** | **Wohnräume im Keller** | | | |
| 12.30 | Gibt es Fenstergläser mit Kratzern, Sprüngen oder Blindstellen? | ☐ | ☐ | ☐ |
| 12.31 | Gibt es Kellerwohnräume, die keine ausreichende Beheizungsmöglichkeit haben? | ☐ | ☐ | ☐ |
| 12.32 | Gibt es Rohrleitungen in schlechtem Zustand (Rost, Korrosion, Undichtigkeiten)? | ☐ | ☐ | ☐ |
| 12.33 | Gibt es Rohrleitungen ohne ausreichende Schallisolierung (Rohrschellen mit Gummieinlage)? | ☐ | ☐ | ☐ |
| 12.34 | Gibt es feuchte oder nachgearbeitete Stellen im Bereich von Unterputzrohrleitungen? | ☐ | ☐ | ☐ |
| 12.35 | Gibt es undichte Heizkörper? | ☐ | ☐ | ☐ |
| 12.36 | Gibt es Heizkörper ohne Einzelthermostatregelung? | ☐ | ☐ | ☐ |
| 12.37 | Gibt es korrodierte bzw. rostende Heizkörper? | ☐ | ☐ | ☐ |
| 12.38 | Gibt es lockere oder lose Heizkörper? | ☐ | ☐ | ☐ |
| 12.39 | Gibt es Heizkörper von auffallend geringer Größe oder Anzahl im Vergleich zur Größe des Raumes? | ☐ | ☐ | ☐ |
| 12.40 | Gibt es Einzelöfen (Gas, Öl, Kohle), die zum Zeitpunkt Ihrer Besichtigung nicht in Betrieb sind? (Lassen Sie sie anstellen!) | ☐ | ☐ | ☐ |
| 12.41 | Gibt es bei diesen Probleme mit dem Betrieb und der Regulierung? | ☐ | ☐ | ☐ |
| 12.42 | Gibt es bei diesen Probleme mit dem Rauchabzug? (Aktuellen Schornsteinfegerbericht zeigen lassen!) | ☐ | ☐ | ☐ |
| 12.43 | Gibt es offene Kamine oder Kachelöfen, die zum Zeitpunkt Ihrer Besichtigung nicht in Betrieb sind? (Lassen Sie sie nach Möglichkeit in Betrieb nehmen!) | ☐ | ☐ | ☐ |

## Teil B: Innenbesichtigung — I. Keller

| Schäden / schadhafte Teile / Probleme | | keine | einige | viele |
|---|---|---|---|---|
| **12.0** | **Wohnräume im Keller** | | | |
| 12.44 | Gibt es bei diesen Probleme mit dem Betrieb und der Regulierung? | ☐ | ☐ | ☐ |
| 12.45 | Gibt es bei diesen Probleme mit dem Rauchabzug? (Aktuellen Schornsteinfegerbericht zeigen lassen!) | ☐ | ☐ | ☐ |
| 12.46 | Gibt es Bereiche ohne Elektroanschluss? | ☐ | ☐ | ☐ |
| 12.47 | Gibt es Elektroleitungen in schlechtem Zustand (brüchig, schlecht isoliert etc.)? | ☐ | ☐ | ☐ |
| 12.48 | Gibt es Räume mit flackerndem Licht? | ☐ | ☐ | ☐ |
| 12.49 | Gibt es defekte Schalter und Steckdosen? | ☐ | ☐ | ☐ |

**Schäden / schadhafte Teile / Probleme**

| | | keine | einige | viele |
|---|---|---|---|---|
| **13.0** | **Küche** | | | |
| | (Neben den nachfolgend aufgeführten speziellen Prüfpunkten müssen in Küchen zusätzlich auch die allgemeinen Prüfpunkte für Wohnräume beachtet werden – siehe Punkt 15.) | | | |
| 13.1 | Gibt es beschädigte oder hohl klingende Wand- und Bodenfliesen (Klopftest)? | ☐ | ☐ | ☐ |
| 13.2 | Gibt es poröse oder gebrochene Fugen? | ☐ | ☐ | ☐ |
| 13.3 | Gibt es helle, metallische Geräusch beim Öffnen eines Hahnes (Wasserdruckprobleme)? | ☐ | ☐ | ☐ |
| 13.4 | Gibt es Hähne ohne ausreichenden Wasserfluss? | ☐ | ☐ | ☐ |
| 13.5 | Gibt es undichte Hähne? | ☐ | ☐ | ☐ |
| 13.6 | Gibt es Waschbecken mit schlechtem Wasserablauf? | ☐ | ☐ | ☐ |
| 13.7 | Gibt es Kupferleitungen, die zusammen mit verzinkten Leitungen verbaut sind (Korrosionsgefahr)? | ☐ | ☐ | ☐ |
| 13.8 | Gibt es problematische Rohranschlüsse (undichte Muffen etc.)? | ☐ | ☐ | ☐ |
| 13.9 | Gibt es Rohrleitungen in schlechtem Zustand (Rost, Korrosion, Undichtigkeiten)? | ☐ | ☐ | ☐ |
| 13.10 | Gibt es Rohrleitungen ohne ausreichende Schallisolierung (Rohrschellen ohne Gummieinlage)? | ☐ | ☐ | ☐ |
| 13.11 | Gibt es feuchte oder nachgearbeitete Stellen im Bereich von Unterputzrohrleitungen? | ☐ | ☐ | ☐ |
| 13.12 | Gibt es Bereiche ohne Elektroanschluss? | ☐ | ☐ | ☐ |
| 13.13 | Gibt es Warmwasserboiler oder Gasdurchlauferhitzer, die defekt oder sehr alt sind? | ☐ | ☐ | ☐ |

| Teil B: Innenbesichtigung | | II. Erdgeschoss und Obergeschosse | | |
|---|---|---|---|---|
| **Schäden / schadhafte Teile / Probleme** | | **keine** | **einige** | **viele** |
| **13.0** | **Küche** | | | |
| 13.14 | Gibt es elektrische Leitungen, die nicht ausreichend gegen Spritzwasser geschützt sind? | ☐ | ☐ | ☐ |
| 13.15 | Gibt es Probleme mit dem Rauchabzug? (Aktuellen Schornsteinfegerbericht zeigen lassen!) | ☐ | ☐ | ☐ |
| 13.16 | Werden Einbauelemente übernommen, die in schlechtem Zustand sind? | ☐ | ☐ | ☐ |
| 13.17 | Gibt es dabei defekte, ungewartete oder alte Elektrogeräte? | ☐ | ☐ | ☐ |
| 13.18 | Gibt es Möbel-Einbauelemente, die nicht aus Vollholz sind? | ☐ | ☐ | ☐ |
| 13.19 | Gibt es Anzeichen von Feuchtigkeit um die Spüle? | ☐ | ☐ | ☐ |
| 13.20 | Gibt es Anzeichen von Feuchtigkeit in den Küchenschränken? | ☐ | ☐ | ☐ |
| **14.0** | **Bäder** | | | |
| | (Neben den nachfolgend aufgeführten speziellen Prüfpunkten müssen in Bädern zusätzlich auch die allgemeinen Prüfpunkte für Wohnräume beachtet werden – siehe Punkt 15.) | | | |
| 14.1 | Gibt es beschädigte oder hohl klingende Wand- und Bodenfliesen (Klopftest)? | ☐ | ☐ | ☐ |
| 14.2 | Gibt es poröse oder gebrochene Fugen? | ☐ | ☐ | ☐ |
| 14.3 | Gibt es beschädigte Sanitärgegenstände? | ☐ | ☐ | ☐ |
| 14.4 | Gibt es Sanitärgegenstände, die nicht ausreichend gegen Körperschallübertragung geschützt sind? | ☐ | ☐ | ☐ |

| Schäden / schadhafte Teile / Probleme | | keine | einige | viele |
|---|---|---|---|---|
| 14.0 | **Bäder** | | | |
| 14.5 | Gibt es ein helles, metallisches Geräusch beim Öffnen eines Hahnes (Wasserdruckprobleme)? | ☐ | ☐ | ☐ |
| 14.6 | Gibt es Hähne ohne ausreichenden Wasserfluss? | ☐ | ☐ | ☐ |
| 14.7 | Gibt es undichte Hähne? | ☐ | ☐ | ☐ |
| 14.8 | Gibt es Waschbecken mit schlechtem Wasserablauf? | ☐ | ☐ | ☐ |
| 14.9 | Gibt es Kupferleitungen, die zusammen mit verzinkten Leitungen verbaut sind (Korrosionsgefahr)? | ☐ | ☐ | ☐ |
| 14.10 | Gibt es problematische Rohranschlüsse (undichte Muffen etc.)? | ☐ | ☐ | ☐ |
| 14.11 | Gibt es Rohrleitungen in schlechtem Zustand (Rost, Korrosion, Undichtigkeiten)? | ☐ | ☐ | ☐ |
| 14.12 | Gibt es Rohrleitungen ohne ausreichende Schalliso- lierung (Rohrschellen ohne Gummieinlage)? | ☐ | ☐ | ☐ |
| 14.13 | Gibt es feuchte oder nachgearbeitete Stellen im Bereich von Unterputzrohrleitungen? | ☐ | ☐ | ☐ |
| 14.14 | Gibt es Bereiche ohne Elektroanschluss? | ☐ | ☐ | ☐ |
| 14.15 | Gibt es elektrische Leitungen, die nicht ausreichend gegen Spritzwasser geschützt sind? | ☐ | ☐ | ☐ |
| 14.16 | Gibt es Warmwasserboiler oder Gasdurchlauferhitzer, die defekt oder sehr alt sind? | ☐ | ☐ | ☐ |
| 14.17 | Gibt es Probleme mit dem Rauchabzug? (Aktuellen Schornsteinfegerbericht zeigen lassen!) | ☐ | ☐ | ☐ |

| Teil B: Innenbesichtigung | II. Erdgeschoss und Obergeschosse | | | |
|---|---|---|---|---|
| Schäden / schadhafte Teile / Probleme | | keine | einige | viele |
| **15.0** | **Wohnräume** | | | |
| 15.1 | Gibt es Wohnräume, die eine geringere lichte Raumhöhe als 2,30 m haben (damit wären sie offiziell nicht als Wohnräume zugelassen)? | ☐ | ☐ | ☐ |
| 15.2 | Gibt es Stellen, an denen der Fußboden keinen waagerechten Verlauf hat? (Wasserwaagentest) | ☐ | ☐ | ☐ |
| 15.3 | Gibt es Stellen, an denen Wände und Decken keinen senkrechten bzw. waagerechten Verlauf haben? | ☐ | ☐ | ☐ |
| 15.5 | Gibt es Risse im Boden-Wandanschluss? | ☐ | ☐ | ☐ |
| 15.6 | Gibt es Stellen mit schlechter Oberflächenbeschaffenheit (Flecken, Ausblühungen)? | ☐ | ☐ | ☐ |
| 15.7 | Gibt es Stellen mit losem Putz und Wandauswölbungen? | ☐ | ☐ | ☐ |
| 15.8 | Gibt es Stellen mit einem schlechten Zustand der Bodenbeläge (Teppichboden, Fliesen, Linoleum, Parkett, Dielen)? | ☐ | ☐ | ☐ |
| 15.9 | Gibt es Bereiche ohne ausreichenden Trittschallschutz (z.B. aufgrund fehlenden, schwimmend verlegten Estrichs)? | ☐ | ☐ | ☐ |
| 15.10 | Gibt es im Falle von Holzbalkendecken angefaulte oder morsche Balken, die von unten aus sichtbar sind? | ☐ | ☐ | ☐ |
| 15.11 | Gibt es Holzbalkendecken mit fehlendem Trittschallschutz (z.B. fehlender Trittschallschutz durch nicht eingelegte Dämmung zwischen Tragbalken und aufgelegter Bodenbohle)? | ☐ | ☐ | ☐ |
| 15.12 | Gibt es abgehängte Decken in schlechtem Zustand? | ☐ | ☐ | ☐ |

| Teil B: Innenbesichtigung | II. Erdgeschoss und Obergeschosse | | | |
|---|---|---|---|---|
| **Schäden / schadhafte Teile / Probleme** | | keine | einige | viele |
| **15.0** | **Wohnräume** | | | |
| 15.13 | Gibt es Wohnräume, in denen es muffig riecht? (Zeichen für Feuchtigkeit!) | ☐ | ☐ | ☐ |
| 15.14 | Gibt es feuchte Wände oder Fußböden? | ☐ | ☐ | ☐ |
| 15.15 | Bei Gebäuden ohne Keller: Gibt es Erdgeschosswände ohne eine horizontale Feuchtigkeitssperre (z.B. nicht eingelegter Streifen Dachpappe unter oder oberhalb der ersten Steinlage des Kellermauerwerks)? | ☐ | ☐ | ☐ |
| 15.16 | Gibt es Tageslicht- oder Durchlüftungsprobleme aufgrund einer zu geringen Anzahl oder zu kleiner Fenster? | ☐ | ☐ | ☐ |
| 15.17 | Gibt es Türen, die schief im Rahmen sitzen oder schleifen? | ☐ | ☐ | ☐ |
| 15.18 | Bei Holztüren: Sind Stellen mit Anzeichen von Fäulnis erkennbar? | ☐ | ☐ | ☐ |
| 15.19 | Sind Türbänder zu erkennen, die rosten oder aus der Wand brechen? | ☐ | ☐ | ☐ |
| 15.20 | Bei Kunststofftüren: Gibt es Stellen, die einen stumpfen oder vergilbten Eindruck machen? | ☐ | ☐ | ☐ |
| 15.21 | Bei Metalltüren: Gibt es Stellen, die verbogen sind oder rosten? | ☐ | ☐ | ☐ |
| 15.22 | Gibt es Fenster, die keine Isolierverglasung haben? | ☐ | ☐ | ☐ |
| 15.23 | Sind Fenster zu erkennen, die schief im Rahmen sitzen? | ☐ | ☐ | ☐ |
| 15.24 | Bei Holzfenstern: Sind Stellen mit Anzeichen von Fäulnis erkennbar? | ☐ | ☐ | ☐ |
| 15.25 | Gibt es Stellen, die einen verwitterten Eindruck machen? | ☐ | ☐ | ☐ |

| Teil B: Innenbesichtigung | | II. Erdgeschoss und Obergeschosse | | |
|---|---|---|---|---|
| Schäden / schadhafte Teile / Probleme | | keine | einige | viele |
| 15.0 | Wohnräume | | | |
| 15.26 | Sind Stellen mit abplatzendem Lack erkennbar? | ☐ | ☐ | ☐ |
| 15.27 | Bei Kunststofffenstern: Gibt es Stellen, die einen stumpfen oder vergilbten Eindruck machen? | ☐ | ☐ | ☐ |
| 15.28 | Bei Metallfenstern: Gibt es Stellen, die verbogen sind oder rosten? | ☐ | ☐ | ☐ |
| 15.29 | Sind Fensterbänder zu erkennen, die rosten oder aus dem Rahmen brechen? | ☐ | ☐ | ☐ |
| 15.30 | Gibt es Fenstergläser mit Kratzern, Sprüngen oder Blindstellen? | ☐ | ☐ | ☐ |
| 15.31 | Gibt es Wohnräume, die keine ausreichende Beheizungsmöglichkeit haben? | ☐ | ☐ | ☐ |
| 15.32 | Gibt es Rohrleitungen in schlechtem Zustand (Rost, Korrosion, Undichtigkeiten)? | ☐ | ☐ | ☐ |
| 15.33 | Gibt es Rohrleitungen ohne ausreichende Schallisolierung (Rohrschellen ohne Gummieinlage)? | ☐ | ☐ | ☐ |
| 15.34 | Gibt es feuchte oder nachgearbeitete Stellen im Bereich von Unterputzrohrleitungen? | ☐ | ☐ | ☐ |
| 15.35 | Gibt es undichte Heizkörper? | ☐ | ☐ | ☐ |
| 15.36 | Gibt es Heizkörper ohne Einzelthermostatregelung? | ☐ | ☐ | ☐ |
| 15.37 | Gibt es korrodierte oder rostende Heizkörper? | ☐ | ☐ | ☐ |
| 15.38 | Gibt es lockere oder lose Heizkörper? | ☐ | ☐ | ☐ |
| 15.39 | Gibt es Heizkörper von auffallend geringer Größe oder Anzahl im Vergleich zur Größe des Raumes? | ☐ | ☐ | ☐ |

**Schäden / schadhafte Teile / Probleme**

| 15.0 | **Wohnräume** | keine | einige | viele |
|---|---|---|---|---|
| 15.40 | Gibt es Einzelöfen (Gas, Öl, Kohle), die zum Zeitpunkt Ihrer Besichtigung nicht in Betrieb sind? (Lassen Sie sie anstellen!) | ☐ | ☐ | ☐ |
| 15.41 | Gibt es bei diesen Probleme mit dem Betrieb und der Regulierung? | ☐ | ☐ | ☐ |
| 15.42 | Gibt es bei diesen Probleme mit dem Rauchabzug? (Aktuellen Schornsteinfegerbericht zeigen lassen!) | ☐ | ☐ | ☐ |
| 15.43 | Gibt es offene Kamine oder Kachelöfen, die zum Zeitpunkt Ihrer Besichtigung nicht in Betrieb sind? (Lassen Sie sie nach Möglichkeit in Betrieb nehmen!) | ☐ | ☐ | ☐ |
| 15.44 | Gibt es bei diesen Probleme mit dem Betrieb und der Regulierung? | ☐ | ☐ | ☐ |
| 15.45 | Gibt es bei diesen Probleme mit dem Rauchabzug? (Aktuellen Schornsteinfegerbericht zeigen lassen!) | ☐ | ☐ | ☐ |
| 15.46 | Gibt es Bereiche ohne Elektro-/Fernseh-/Telefonanschluss? | ☐ | ☐ | ☐ |
| 15.47 | Gibt es Elektroleitungen in schlechtem Zustand (brüchig, schlecht isoliert etc.)? | ☐ | ☐ | ☐ |
| 15.48 | Gibt es Räume mit flackerndem Licht? | ☐ | ☐ | ☐ |
| 15.49 | Gibt es defekte Schalter und Steckdosen? | ☐ | ☐ | ☐ |

## Teil B: Innenbesichtigung — II. Erdgeschoss und Obergeschosse

| Schäden / schadhafte Teile / Probleme | | keine | einige | viele |
|---|---|---|---|---|
| **16.0** | **Treppenhäuser** | | | |
| | (Neben den nachfolgend aufgeführten speziellen Prüfpunkten müssen in Treppenhäusern zusätzlich auch die allgemeinen Prüfpunkte für Wohnräume beachtet werden – siehe Punkt 15.) | | | |
| 16.1 | Gibt es lose oder wackelige Treppengeländer? | ☐ | ☐ | ☐ |
| 16.2 | Gibt es Geländer ohne ausreichenden Kleinkinderschutz (Abstand der senkrechten Stäbe größer als 12 cm)? | ☐ | ☐ | ☐ |
| 16.3 | Gibt es unregelmäßige Steigungsverhältnisse zwischen den einzelnen Stufen? | ☐ | ☐ | ☐ |
| 16.4 | Gibt es unangenehm hohe Steigungsverhältnisse der Stufen? | ☐ | ☐ | ☐ |
| 16.5 | Gibt es Treppen ohne Zwischenabsatz, obwohl sie extrem langläufig sind? | ☐ | ☐ | ☐ |
| 16.6 | Gibt es Bereiche, an denen die Treppe äußerst schmal ist? | ☐ | ☐ | ☐ |
| 16.7 | Gibt es Stellen ohne eine ausreichende lichte Höhe über den Treppen (mindestens 2,10 m)? | ☐ | ☐ | ☐ |
| 16.8 | Gibt es Treppen, an denen keine Möglichkeit zur späteren, behindertengerechten Nachrüstung besteht (z.B. treppenlaufbegleitender Lifter)? | ☐ | ☐ | ☐ |
| 16.9 | Gibt es Treppen ohne ausreichenden Schallschutz zur treppenlaufbegleitenden Hauswand und am oberen und unteren Auflagerpunkt der Treppe? | ☐ | ☐ | ☐ |
| 16.10 | Bei Holztreppen: Gibt es knarrende Treppenstufen? | ☐ | ☐ | ☐ |
| 16.11 | Fehlen Lichtschalter am unteren bzw. oberen Ende der Treppe? | ☐ | ☐ | ☐ |

| **Teil B: Innenbesichtigung** | **III. Dachgeschoss** | | | |
|---|---|---|---|---|
| **Schäden / schadhafte Teile / Probleme** | | keine | einige | viele |
| **17.0** | **Küchen** | | | |
| | (Siehe 13.0 Küchen Erdgeschoss und Obergeschosse, zusätzlich jedoch folgende Punkte klären:) | | | |
| 17.1 | Sind Boden- und Wandfliesen auf Holzausbauplatten verlegt (äußerst ungünstige Verlegeart hinsichtlich Befestigungs- und Wasserschäden)? | ☐ | ☐ | ☐ |
| 17.2 | Gibt es undichte, schräg sitzende Dachfenster? | ☐ | ☐ | ☐ |
| **18.0** | **Bäder** | | | |
| | (Siehe 14.0 Bäder Erdgeschoss und Obergeschosse, zusätzlich jedoch folgende Punkte klären:) | | | |
| 18.1 | Sind Boden- und Wandfliesen auf Holzausbauplatten verlegt (äußerst ungünstige Verlegeart hinsichtlich Befestigungs- und Wasserschäden)? | ☐ | ☐ | ☐ |
| 18.2 | Gibt es undichte, schräg sitzende Dachfenster? | ☐ | ☐ | ☐ |
| **19.0** | **Wohnräume im Dachgeschoss** | | | |
| 19.1 | Gibt es Dach-Wohnräume, die eine geringere lichte Raumhöhe als 2,30 m über mehr als die Hälfte der Grundfläche haben (damit wären sie offiziell nicht als Wohnräume zugelassen)? | ☐ | ☐ | ☐ |
| 19.2 | Gibt es Stellen, an denen der Fußboden keinen waagerechten Verlauf hat? (Wasserwaagentest) | ☐ | ☐ | ☐ |
| 19.3 | Gibt es Stellen außer den Dachschrägen, an denen Decken keinen waagerechten Verlauf haben? | ☐ | ☐ | ☐ |
| 19.4 | Gibt es an Wänden und Decken Stellen mit Rissen im Mauerwerk oder Verputz oder in der Holzverkleidung? (Ecken beachten!) | ☐ | ☐ | ☐ |
| 19.5 | Gibt es Risse im Boden-Kniestock-Anschluss? | ☐ | ☐ | ☐ |

4

## Teil B: Innenbesichtigung — III. Dachgeschoss

**Schäden / schadhafte Teile / Probleme**

| **19.0** | **Wohnräume im Dachgeschoss** | keine | einige | viele |
|---|---|---|---|---|
| 19.6 | Gibt es Stellen mit schlechter Oberflächenbeschaffenheit (Flecken, Ausblühungen)? | ☐ | ☐ | ☐ |
| 19.7 | Gibt es Stellen mit losem Putz und Wandauswölbungen? | ☐ | ☐ | ☐ |
| 19.8 | Gibt es Stellen mit einem schlechten Zustand der Bodenbeläge (Teppichboden, Fliesen, Linoleum, Parkett, Dielen)? | ☐ | ☐ | ☐ |
| 19.9 | Gibt es Bereiche ohne ausreichenden Trittschallschutz (z.B. aufgrund fehlenden, schwimmend verlegten Estrichs)? | ☐ | ☐ | ☐ |
| 19.10 | Gibt es im Falle von Holzbalkenböden angefaulte oder morsche Balken? | ☐ | ☐ | ☐ |
| 19.11 | Fehlt im Falle von Holzbalkenböden ein ausreichender Trittschallschutz, z.B. über eingelegte Dämmungen zwischen Tragbalken und aufgelegter Bodenbohle? | ☐ | ☐ | ☐ |
| 19.12 | Riecht es in den Wohnräumen muffig (Zeichen für schadhafte Wärmedämmung)? | ☐ | ☐ | ☐ |
| 19.13 | Gibt es feuchte Wände oder Fußböden? | ☐ | ☐ | ☐ |
| 19.14 | Gibt es Stellen ohne ausreichende Dämmung an Wänden und Decke? | ☐ | ☐ | ☐ |
| 19.15 | Gibt es Tageslicht- oder Durchlüftungsprobleme aufgrund einer zu geringen Anzahl oder zu kleiner Fenster? | ☐ | ☐ | ☐ |
| 19.16 | ☐ Der ausgebaute Dachboden war von Anfang an geplant. | | | |
| 19.17 | ☐ Gibt es entsprechende Prüfunterlagen, wie z.B. die Baueingabeplanung, in denen der ausgebaute Dachraum auch als Wohnfläche ausgewiesen ist? Auch die Zahl der ggf. notwendigen und vor den Behörden nachzuweisenden Stellplätze (z.B. im Falle einer Einliegerwohnung im Dach) ist ausreichend? | | | |

## Teil B: Innenbesichtigung — III. Dachgeschoss

| 19.0 | Wohnräume im Dachgeschoss | | | |
|---|---|---|---|---|
| 19.18 | ☐ Der Dachboden ist nachträglich ausgebaut worden. | | | |
| 19.19 | ☐ Der Dachboden ist in Eigenarbeit ausgebaut worden. | | | |
| 19.20 | ☐ Der Dachboden ist von einer Fachfirma ausgebaut worden. | | | |
| **Schäden / schadhafte Teile / Probleme** | | **keine** | **einige** | **viele** |
| 19.21 | Gibt es Türen, die schief im Rahmen sitzen oder schleifen? | ☐ | ☐ | ☐ |
| 19.22 | Bei Holztüren: Sind Stellen mit Anzeichen von Fäulnis erkennbar? | ☐ | ☐ | ☐ |
| 19.23 | Bei Kunststofftüren: Gibt es Stellen, die einen stumpfen oder vergilbten Eindruck machen? | ☐ | ☐ | ☐ |
| 19.24 | Bei Metalltüren: Gibt es Stellen, die verbogen sind oder rosten? | ☐ | ☐ | ☐ |
| 19.25 | Sind Türbänder zu erkennen, die rosten oder aus dem Rahmen brechen? | ☐ | ☐ | ☐ |
| 19.26 | Gibt es Fenster, die keine Isolierglasscheiben haben? | ☐ | ☐ | ☐ |
| 19.27 | Sind Fenster zu erkennen, die schief im Rahmen sitzen? | ☐ | ☐ | ☐ |
| 19.28 | Bei Holzfenstern: Sind Stellen mit Anzeichen von Fäulnis erkennbar? | ☐ | ☐ | ☐ |
| 19.29 | Gibt es Stellen, die einen verwitterten Eindruck machen? | ☐ | ☐ | ☐ |
| 19.30 | Sind Stellen mit abplatzendem Lack erkennbar? | ☐ | ☐ | ☐ |
| 19.31 | Bei Kunststofffenstern: Gibt es Stellen, die einen stumpfen oder vergilbten Eindruck machen? | ☐ | ☐ | ☐ |
| 19.32 | Bei Metallfenstern: Gibt es Stellen, die verbogen sind oder rosten? | ☐ | ☐ | ☐ |

| Teil B: Innenbesichtigung | III. Dachgeschoss | | | |
|---|---|---|---|---|
| Schäden / schadhafte Teile / Probleme | | keine | einige | viele |
| 19.0 | Wohnräume im Dachgeschoss | | | |
| 19.33 | Sind Fensterbänder zu erkennen, die rosten oder aus der Wand brechen? | ☐ | ☐ | ☐ |
| 19.34 | Gibt es Fenstergläser mit Kratzern, Sprüngen oder Blindstellen? | ☐ | ☐ | ☐ |
| 19.35 | Gibt es Feuchtigkeitsspuren um die Fenster herum? | ☐ | ☐ | ☐ |
| 19.36 | Gibt es Schrägdachfenster, die einen schlechten/ undichten Eindruck machen? | ☐ | ☐ | ☐ |
| 19.37 | Gibt es Schrägdachsüd- oder -westfenster ohne außenliegende Verschattungssysteme? | ☐ | ☐ | ☐ |
| 19.38 | Fehlen Schornsteinfegerausstiege unabhängig von Dach-Wohnraumfenstern? | ☐ | ☐ | ☐ |
| 19.39 | Gibt es Wohnräume, die keine ausreichende Beheizungsmöglichkeit haben? | ☐ | ☐ | ☐ |
| 19.40 | Gibt es undichte Heizkörper? | ☐ | ☐ | ☐ |
| 19.41 | Gibt es Rohrleitungen in schlechtem Zustand (Rost, Korrosion, Undichtigkeiten)? | ☐ | ☐ | ☐ |
| 19.42 | Gibt es Rohrleitungen ohne ausreichende Schallisolierung (Rohrschellen ohne Gummieinlage)? | ☐ | ☐ | ☐ |
| 19.43 | Gibt es feuchte oder nachgearbeitete Stellen im Bereich von Unterputzrohrleitungen? | ☐ | ☐ | ☐ |
| 19.44 | Gibt es Heizkörper ohne Einzelthermostatregelung? | ☐ | ☐ | ☐ |
| 19.45 | Gibt es korrodierte oder rostende Heizkörper? | ☐ | ☐ | ☐ |
| 19.46 | Gibt es lockere oder lose Heizkörper? | ☐ | ☐ | ☐ |
| 19.47 | Gibt es Heizkörper von auffallend geringer Größe oder Anzahl im Vergleich zur Größe des Raumes? | ☐ | ☐ | ☐ |

| Teil B: Innenbesichtigung | | III. Dachgeschoss | | |
|---|---|---|---|---|
| **Schäden / schadhafte Teile / Probleme** | | keine | einige | viele |
| **19.0** | **Wohnräume im Dachgeschoss** | | | |
| 19.48 | Gibt es Bereiche ohne Elektroanschluss? | ☐ | ☐ | ☐ |
| 19.49 | Gibt es Elektroleitungen in schlechtem Zustand (brüchig, schlecht isoliert etc.)? | ☐ | ☐ | ☐ |
| 19.50 | Gibt es flackerndes Licht? | ☐ | ☐ | ☐ |
| 19.51 | Gibt es defekte Schalter und Steckdosen? | ☐ | ☐ | ☐ |
| **20.0** | **Speicherboden** | | | |
| 20.1 | Gibt es Dachbalken, Sparren und Dachlatten in schlechtem Zustand (Fäulnis, brüchig etc.)? | ☐ | ☐ | ☐ |
| 20.2 | Hat der Dachboden feuchte Stellen? | ☐ | ☐ | ☐ |
| 20.3 | Hat der Dachstuhl Anzeichen auf Fäulnis oder Schädlingsbefall? | ☐ | ☐ | ☐ |
| 20.4 | Gibt es Feuchtigkeit an Mauerwerk, Unterseite von Dachkehlen, Schornstein und Dachfenstern? | ☐ | ☐ | ☐ |
| 20.5 | Fällt Licht zwischen den Dachpfannen durch? | ☐ | ☐ | ☐ |
| 20.6 | Fehlen Schornsteinfegerausstiege? | ☐ | ☐ | ☐ |
| 20.7 | Fehlen Schornsteinfegerlaufgitter auf dem Dach? | ☐ | ☐ | ☐ |
| 20.8 | Gibt es Schornsteinköpfe ohne ausreichende Befestigung? | ☐ | ☐ | ☐ |
| 20.9 | Gibt es brüchige Schornsteinfugen? | ☐ | ☐ | ☐ |
| 20.10 | Gibt es Bereiche, in denen der Schornstein nicht lotrecht verläuft? | ☐ | ☐ | ☐ |
| 20.11 | Gibt es undichte oder korrodierte Stellen an der Blechverwahrung (Blecheinfassung) des Schornsteins? | ☐ | ☐ | ☐ |
| 20.12 | Gibt es eine Unterspannbahn unter der Dachdeckung? | ☐ | ☐ | ☐ |

## Teil B: Innenbesichtigung — III. Dachgeschoss

| Schäden / schadhafte Teile / Probleme | | keine | einige | viele |
|---|---|---|---|---|
| **21.0** | **Flachdächer** | | | |
| | (Eine Besichtigung empfiehlt sich hier kurz nach einem starken Regen.) | | | |
| 21.1 | Hat das Flachdach Risse in der Dachpappe? | ☐ | ☐ | ☐ |
| 21.2 | Gibt es Stellen, an denen die Dachpappe mürbe und stark ausgebleicht scheint? | ☐ | ☐ | ☐ |
| 21.3 | Gibt es Grünwuchs auf dem Flachdach? | ☐ | ☐ | ☐ |
| 21.4 | Gibt es bei kiesbedeckten Flachdächern Stellen ohne ausreichenden Kiesbelag? | ☐ | ☐ | ☐ |
| 21.5 | Steht Wasser auf dem Flachdach (Pfützen)? | ☐ | ☐ | ☐ |
| 21.6 | Gibt es Undichtigkeiten der Flachdachanschlüsse an die umlaufende Attika? | ☐ | ☐ | ☐ |
| 21.7 | Gibt es Rost oder Korrosion an der umlaufenden Attika? | ☐ | ☐ | ☐ |
| 21.8 | Gibt es Undichtigkeiten der Flachdachanschlüsse an den Kamin und an die Entlüftungsrohre? | ☐ | ☐ | ☐ |

Notizen:

## Altlasten und Schadstoffe

### Altlasten im Außenbereich

Eine besondere Problematik beim Erwerb von Wohneigentum stellen so genannte Altlasten dar. Das Problem der Altlasten hängt insbesondere mit der Tatsache der zunehmenden Industrialisierung des Siedlungsraumes im 20. Jahrhundert zusammen sowie darauf folgender Umsiedlungen oder Abwanderungen ganzer Industriezweige. Neuerdings hängt dieses Phänomen in Deutschland aber auch mit einem starken Abbau bzw. Abzug von militärischen Kräften und der Umwandlung (Konversion) ehemals militärischer Anlagen, wie z.B. Kasernen, Truppenübungsplätzen oder Flughäfen, zu einer zivilen Nutzung zusammen.

**Fragen Sie nach der früheren Nutzung des Grundstücks**

Wo auch immer Sie eine Immobilie erwerben wollen, Sie sollten sich grundsätzlich intensiv mit dem Ort auseinander setzen, an dem die Immobilie steht. Falls das Gebiet, auf dem sich Ihre Immobilie befindet, in irgendeiner Weise in früheren Jahren eine Umnutzung erfuhr, ist grundsätzlich Vorsicht geboten. Selbst die Umnutzung eines ehemals städtischen Bauhofs in Bauland kann Probleme mit sich bringen. Auch die Umnutzung einer kleinen Tankstelle in Bauland kann erheblichen Ärger produzieren. Ganz zu schweigen von einem ehemaligen Chemie- oder Öllager. Fragen Sie daher bei Immobilienbesichtigungen grundsätzlich, wie das Grundstück, auf dem die Immobilie heute steht, früher genutzt wurde. Sollte sich herausstellen, dass es früher einer gewerblichen, industriellen oder militärischen Nutzung unterlag, stellen sich folgende Fragen:

- Gibt es angrenzende Grundstücke, die einen erheblichen Schadstoffeintrag in die Nähe der Immobilie bewirken können?

**Fragen zur Altlastengefahr**

- Gibt es auf dem Grundstück Bodenverseuchungen irgendwelcher Art? Wenn ja, wo sind diese dokumentiert? Wenn nein, wo ist dies schriftlich unzweifelhaft festgehalten und gutachterlich bezeugt?
- Gibt es Setzungsgefahren irgendwelcher Art, z.B. durch Bergbau oder unterirdische Bunkeranlagen?
- Gibt es Ausgasungen aus unterirdischen Hohlräumen (z.B. Methangasausgasungen)? Wenn ja, wo sind diese dokumentiert? Wenn nein, wo ist dies schriftlich festgehalten und gutachterlich bezeugt?
- Wurde die Immobilie früher anders genutzt, z.B. als Verwaltungshaus, als Gästehaus, als Personalunterkunft etc.?
- Wie wurde sie hierbei genutzt? Wurde z.B. mit Desinfektionsmitteln im großen Stil gearbeitet?
- Gibt es die Gefahr von Reststoffen im Gebäude selbst, z.B. im Kellermauerwerk oder in anderen Bauteilen, z.B. durch die Verwendung gesundheitsgefährdender Stoffe oder deren Lagerung im Gebäude?

**Altlastengefahr durch Umnutzung – von der Tankstelle zur Wohnbebauung**

In hoch industrialisierten Gebieten, wie z.B. dem Ruhrgebiet, sollte man es auf keinen Fall versäumen, vor dem Kauf einer Immobilie solche Informationen auch nochmals unabhängig einzuholen. Sie können dies beispielsweise bei den kommunalen Behörden der betreffenden Gemeinde oder Stadt tun und sollten sich diese Auskünfte auch schriftlich bestätigen lassen.

**Information bei kommunalen Behörden einholen**

Schenken Sie dem Makler oder Verkäufer einer Immobilie auf gewandeltem Grund grundsätzlich nur bedingt Glauben und holen Sie in jedem Falle unabhängige Informationen ein. Kommen Sie in gar keiner Weise weiter, empfiehlt es sich notfalls auch ein eigenes Gutachten in Auftrag zu geben.

**Tipp**

Bestehen Sie auf einer schriftlichen Bestätigung durch die Verkäuferseite, dass ihr keine Altlasten bekannt sind, die nicht im Kaufvertrag benannt sind. Nehmen Sie einen solchen Passus mit in den Vertrag auf und behalten Sie sich, für den Fall, dass sich das Gegenteil herausstellt, eine Wandlung des Vertrages vor. Nehmen Sie in diesen Passus auch den Bereich der Schadstoffbelastung aller Innenräume der Immobilie auf. Legen Sie hier klare Orientierungen fest, z.B. dass Schadstoffbelastungen, all diejenigen Belastungen sind, die z.B. durch die Landesgesundheitsämter oder Bauberufsgenossenschaften über klare Grenzwerte als solche eingestuft werden.

### Schadstoffe im Innenbereich

Auch im Innenbereich von Immobilien können erhebliche Schadstoffmengen vorkommen. Häufig in Innenräumen vorzufindende Schadstoffe sind:

**Häufig vorkommende Schadstoffe im Innenbereich**

- Formaldehyd (z.B. in den Pressspanplatten von Verkleidungen), das an die Raumluft abgegeben werden kann
- Holzschutzmittel, die ebenfalls gefährliche Inhaltsstoffe direkt an die Raumluft abgeben
- Asbest (z.B. in Form von Matten als Wärmeschutz hinter Heizkörpern oder neben Küchenherden), der gesundheitsgefährdende Fasern an die Umgebung abgibt, nicht selten auch Asbest in festgebundener Form als Fensterbankmaterial oder Fußbodenplatten
- Mineralwolle und auch Steinwolle (z.B. als Dämmmaterial), die ebenfalls Fasern an die Umgebung abgeben können. Frühere Produkte hatten zu kleine Faserlängen und Dicken und waren dadurch lungengängig.
- Blei oder auch teerhaltige Substanzen in Wasserleitungen
- teer- und ölhaltige Anstriche oder Kleber (z.B. in Bädern oder unter verklebten Böden), die gesundheitsschädliche Stoffe über den Haustaub abgeben können

**Die Sanierung schadstoffbelasteter Immobilien und Grundstücke ist aufwändig und teuer**

Wichtig ist, dass Sie auch hierfür einen Blick entwickeln und sich z.B. im Kaufvertrag schriftlich bestätigen lassen, dass solche Materialien nicht in der betreffenden Immobilie verbaut sind. Die Sanierung schadstoffbelasteter Immobilien oder auch Grundstücke ist äußerst aufwändig und kostenintensiv. Sie sollten den Kauf solcher Immobilien nach Möglichkeit vermeiden. Sehr hilfreich zur Einschätzung von Schadstoffbelastungen in Innenräumen ist auch der bereits angesprochene Ratgeber „Wohnen ohne Gift“ der Stiftung Warentest.

Entfernung teerhaltiger Bodenschichten aus Innenräumen

## Denkmalschutz

Lassen Sie sich die Informationen schriftlich geben

Ein weiterer, wichtiger Punkt, den Sie unbedingt beachten sollten, ist die Frage, ob die Immobilie, die Sie erwerben wollen, unter Denkmalschutz steht oder nicht. Auch diese Information sollten Sie sich schriftlich vom Vorbesitzer bestätigen lassen, nötigenfalls auch nochmals unabhängige Informationen hierzu über die entsprechenden Denkmallisten der Hochbauämter einholen.

Ein Haus, das unter Denkmalschutz steht, ist durch eben diese Tatsache vor gravierenden Eingriffen in die Bausubstanz geschützt. Wollen Sie an einem solchen Haus z.B. einmal An- oder Umbauten vornehmen, kann Ihnen dies durch die zuständigen Ämter durchaus verweigert werden, oder aber es können Ausführungen verlangt werden, die praktisch eine kunsthandwerkliche Durchführung erfordern würden, was mit erheblichen Kosten verbunden ist. Zwar gibt es durchaus auch öffentliche Fördermittel für die Sanierung solcher Häuser, Sie werden im Sanierungs- oder Umbaufall aber trotzdem höhere Ausgaben zu tragen haben als bei einem anderen Objekt.

**Denkmalgeschütztes Haus?**

**Denkmallisten**

Denkmallisten sind frei zugänglich und können bei den kommunalen Behörden bzw. beim zuständigen Hochbau- oder Denkmalschutzamt eingesehen werden.

**Schriftliche Stellungnahme der Behörde vor dem Kauf**

Wenn Sie trotz der Tatsache, dass ein Haus unter Denkmalschutz steht, dieses erwerben wollen, empfiehlt es sich, frühzeitig und nach Möglichkeit noch vor dem Kauf eine schriftliche Stellungnahme der Behörden zu erwirken, aus der hervorgeht, wo die Grenzen eines Eingriffs in die Bausubstanz im Einzelnen sind, z.B.:

- Sind Fassadenänderungen erlaubt?
- Ist ein Anbau erlaubt?
- Ist ein Dachausbau erlaubt?
- In welcher Form ist all dies erlaubt?

Neben dem reinen Denkmalschutz gibt es auch so genannte Gestaltungssatzungen. Diese können die Gestaltung eines städtebaulichen Ensembles, wie z.B. einem Platz oder einer Häuserzeile, festlegen. So kann es sein, dass Veränderungen an der Straßenfront eines Hauses nicht zulässig sind oder eine Fassade nur in bestimmten

Farbtönen gestrichen werden darf. Hierzu erhalten Sie bei den Baubehörden Ihrer Kommune Auskunft.

Welche Behörden für welche Auskünfte zuständig sind, können Sie der nachfolgenden Tabelle entnehmen.

**Ämter und Behörden**

| | |
|---|---|
| Bauordnungsamt | Zulässigkeit und Möglichkeiten von Umbau- und Modernisierungsmaßnahmen am Kaufobjekt |
| Planungsamt | Geplante Umgehungsstraßen, Gewerbebetriebe usw. in der Nähe des Kaufobjekts |
| Katasteramt, Vermessungsamt | Lagepläne des Grundstücks, Fragen zu Grenzlinien des Grundstücks |
| Umweltamt | Bodenverseuchungskarten, Entsorgungsmöglichkeiten von Schadstoffen bei Umbaumaßnahmen |
| Denkmalschutzbehörde | Veränderungsmöglichkeiten an denkmalgeschützten Gebäuden |
| *Untere* Wasserbehörde | Grundwasserstand, Zulässigkeit von Brunnen im Garten, eventuell notwendige Grundwasserabsenkung bei Anbauten |
| Gutachterausschüsse | Meist angesiedelt beim Bauamt. Der Ausschuss freier Gutachter sammelt Immobilienverkaufspreise vergangener Jahre aus der Region und stellt diese für den Preisvergleich zur Verfügung (▸▸ Kapitel 6). |

## Teilungserklärungen

Beim Kauf von Wohneigentum sollte in besonderer Weise darauf geachtet werden, um welchen Haustyp es sich handelt, um ein freistehendes Einfamilienhaus, ein Doppelhaus oder ein Reihenhaus?

**Besonderheiten bei gemeinsam genutzten Gebäude- oder Grundstücksteilen**

Ähnlich wie beim Kauf von Eigentumswohnungen gibt es nämlich auch beim Hauskauf überall dort Besonderheiten hinsichtlich der Eigentumsverhältnisse, wo Gebäude- oder Grundstücksteile ganz oder teilweise gemeinsam genutzt werden. Man unterscheidet hierbei zwischen

- Sondereigentum,
- Teileigentum und
- gemeinschaftlichem Eigentum.

Das gemeinsame Grundstück, auf dem ein Doppelhaus steht, kann je zur Hälfte einem der beiden Häuser zugeordnet und entsprechend rechtlich getrennt sein, jedes Grundstück ist dann Sondereigentum. Das gesamte Grundstück kann aber auch als gemeinschaftliches Eigentum zur kompletten Nutzung für alle offen stehen. Die Gartenmauer, welche die Gärten von zwei Doppelhaushälften trennt, kann gemeinschaftliches Eigentum sein, sie kann aber auch Sondereigentum einer der beiden Seiten sein, also komplett zu einem der beiden Häuser gehören. Sie kann aber auch Teileigentum sein, das heißt jeder Seite gehört die Gartenmauer zur Hälfte, z.B. bis exakt zur mittig in der Gartenmauer verlaufenden Grundstücksgrenze.

**Teilungserklärungen müssen notariell beurkundet sein**

Diese Sachverhalte sind in so genannten Teilungserklärungen und nicht selten auch in Teilungsplänen festgehalten, um hier für klare Verhältnisse zu sorgen. Teilungserklärungen müssen notariell beurkundet sein.

Es ist äußerst wichtig, dass Sie sich vor dem Hauskauf und nach Möglichkeit auch schon bei der Hausbesichtigung die Teilungserklärung vorlegen lassen, denn problematische Teilungserklärungen können den Nutzwert und damit den Geldwert eines Hauses ganz erheblich mindern. Teilungserklärungen sind darüber hinaus nur dann zu ändern, wenn alle von ihr betroffenen bzw. an ihr beteiligten Eigentümer dieser Änderung zustimmen.

Dies alles kann für Sie z.B. beim Kauf von Doppelhaushälften oder Reihenhäusern eine enorme Bedeutung gewinnen, wenn Sie daran denken, dass solche Häuser älteren Baujahrs nur eine einfache Haustrennwand haben, dass die Dachziegeldeckung und der Dachstuhl beide Häuser durchgängig überspannen kann.

**Was ist, wenn der eine Nachbar modernisiert, der andere Nachbar aber nicht modernisieren will?**

Da in jüngster Zeit auch immer häufiger der Weg der so genannten Nachverdichtung gewählt wird, also ein Haus z.B. in den ehemaligen Garten oder Hinterhof eines bereits bestehenden Hauses gesetzt wird, oder noch bestehende Baulücken geschlossen werden, ist es sehr wichtig, dass Ihnen die damit einhergehende Problematik der Regelung der Eigentumsverhältnisse bewusst ist. Also z.B.

das Wegerecht, d.h. wenn Sie ein Haus in einem hinteren Grundstücksbereich erwerben, müssen Sie eine rechtlich gesicherte Zufahrt haben.

Beispiel: Es kann vorkommen, dass ein altes Hinterhaus und ein an der Straße stehendes Wohnhaus mit Eigentumswohnungen auf ein und demselben Grundstück stehen. Das Hinterhaus wird dann möglicherweise in der Teilungserklärung genauso behandelt wie eine der Eigentumswohnungen im Vorderhaus, so dass z.B. Änderungen an der Fassade oder der Zufahrt nur mit Zustimmung aller Eigentümer möglich sind. Es kann auch sein, dass sich der Eigentümer des Hinterhauses an bestimmten Kosten für Instandhaltungsmaßnahmen beteiligen muss.

**Was beinhaltet eine gute Teilungserklärung?**

Gute Teilungserklärungen beinhalten grundsätzlich alle relevanten Gebäude-, Nebengebäude- und Grundstücksteile und ihre Einstufung in gemeinschaftliches Eigentum oder Sondereigentum. Außerdem enthalten sie klare Zuständigkeiten für Erhaltungs- und Pflegemaßnahmen.

**Teilungspläne**

Und schließlich sollte eine gute Teilungserklärung als Anlage auch Teilungspläne umfassen, die detaillierte zeichnerische Darstellungen der Teilungsbauteile oder Teilungsgrenzen enthalten. Das ist leider nicht immer der Fall. Teilungspläne sind sehr unterschiedlich gestaltet. Lassen Sie sich von Freunden, die eine Eigentumswohnung erworben haben, deren Teilungsplan zur Wohnung zeigen. Darin können Sie z.B. die eingetragenen Linien und Flächen sehen, die das Gebäude in die einzelnen Wohnungsbereiche aufteilt.

## Kurzcheckliste Hausbesichtigung

Wenn Sie ein Haus erstmalig besichtigen, ist es meist nicht möglich und auch nicht immer sinnvoll, sofort umfassend alles zu überprüfen. Das geschieht meist erst bei einem Wiederholungsbesuch, wenn die Immobilie in die nähere Wahl kommt. Bei einer allerersten Besichtigung kann es jedoch sinnvoll sein, konzentriert und intensiv zunächst einmal eine sehr überschaubare Anzahl sehr wichtiger Punkte abzuklären. Dazu gehören:

1. Wie ist die Lage des Hauses (z.B. im Hinblick auf ÖPNV, Einkaufsmöglichkeiten, Schulen etc., aber auch zu zukünftigen Bauprojekten in der Nähe, z.B. Umgehungsstraßen etc.)?
2. Welches Baujahr hat das Haus?
3. Welche Modernisierungen wurden zwischenzeitlich durchgeführt? Liegt ein Gebäudeenergieausweis vor?
4. Aus welchem Baumaterial sind die wichtigsten Gebäudeteile erbaut (Keller, Decken, Innenwände, Wände, Dach) – also z.B. Beton, Ziegel, Kalksandstein, Holz, Trockenbau etc. – und mit welchen Baustoffen wurden eventuelle Modernisierungen durchgeführt (Dämmungsart und Stärke, Fensterart, Heizungsart etc.)?
5. Ist die Innenaufteilung für den eigenen Bedarf grundsätzlich geeignet?
6. Macht der Keller einen trockenen und dichten Eindruck? Gibt es Probleme mit dem Grundwasser, z.B. einem erhöhten Grundwasserstand?
7. Macht das Dach bzw. der Dachboden einen trockenen und dichten Eindruck?
8. Wie groß sind das Haus und das Grundstück (Grundfläche in Quadratmeter)?
9. Was ist der Grund für den Verkauf des Hauses?
10. Machen die gegenwärtigen Besitzer des Hauses einen zuverlässigen Eindruck?

# Kapitel 5
# Einschätzung des Sanierungs- und Modernisierungsbedarfs ▶▶ ▶▶ ▶▶

Der Kauf eines gebrauchten Hauses stellt oft einen Kompromiss dar, weil man das rundum perfekte, in jeder Hinsicht den eigenen Wünschen entsprechende Haus einfach nicht findet. Umso wichtiger ist es deswegen, frühzeitig einzuschätzen, mit welchen Investitionen es sich auf das von Ihnen gewünschte Niveau bringen lässt.

**Frühzeitige Einschätzung der erforderlichen Investitionen**

Hinsichtlich der Grundriss- und Gestaltungsfragen kann dies z.B. bedeuten, dass Sie einen An- oder Umbau in Erwägung ziehen, hinsichtlich der Haustechnik betrifft dies vor allem den Sanierungsbedarf von Heizungs-, Sanitär- und Elektroausstattung. Hinsichtlich der Bausubstanz kann dies Rohbau-Ausbesserungen oder auch Verbesserungen von Wärme- und Schallschutz betreffen. Es ist sinnvoll und wichtig, dass Sie den Sanierungsbedarf relativ zügig einschätzen können, um auf dieser Grundlage dann eine schnelle Kaufentscheidung treffen zu können.

Bei Anbauten ist entscheidend, ob das betreffende Grundstück überhaupt weiter bebaut werden darf; ggf. in Bebauungspläne Einsicht nehmen.

## Welche Arbeiten können an einem Haus nötig werden?

An einem Haus können die unterschiedlichsten Reparatur- oder auch Sanierungsarbeiten notwendig werden. Aber nicht alles, was kaputtgehen kann, lässt sich auch reparieren. So kann man zwar versuchen, eine gerissene Bodenplatte wieder instand zu setzen, ob es gelingt, hängt aber von der Schwere der Beschädigung ab. Gleiches gilt z.B. für große Risse in der Fassade. Solche Schäden sind aber eher Ausnahmen, häufig kommen hingegen Schäden oder

Defekte Rolläden

Defekte an anderen Bauteilen vor. So gibt es „Gebrauchsgewerke“, wie z.B. Außenjalousien, Rollläden, Türen, Fenster, Schalter, Armaturen etc., die einer ständigen Bedienung ausgesetzt sind und schon allein dadurch einen hohen Verschleiß haben.

Stark verrostetes Gussrohr einer Regenrinne

Dann wieder gibt es Gewerke, die ständigen Wasserkontakt haben, wie z.B. Heizungsleitungen, Wasserleitungen oder Regenrinnen etc., was naturgemäß zu Korrosion führt.

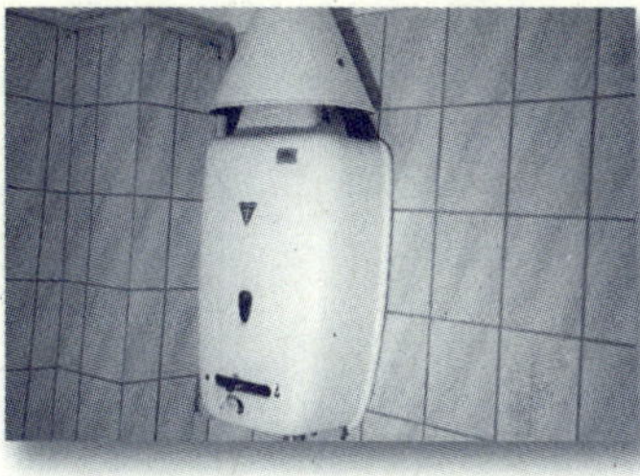

Veralteter Gasdurchlauferhitzer

Des Weiteren gibt es technische Betriebssysteme, wie z.B. die Heizungs- oder Warmwasserbereitungsanlagen, die fortdauernden mechanischen und thermischen Belastungen ausgesetzt sind.

Veralteter Holzdielenbelag

Und schließlich gibt es Gewerke, deren Oberflächen extremen Beanspruchungen ausgesetzt sind, wie zum Beispiel Bodenbeläge (Stoßbeanspruchungen) oder Dacheinkleidungen (Witterungsbeanspruchungen).

Alle Bauteile, die im Alltag sozusagen „aktiv“ eingesetzt werden, sind über die Zeit natürlich sehr viel höheren Belastungen ausgesetzt als eher „passiv“ wirkende Teile wie z.B. Deckenverkleidungen.

Man wird in einem Haus also grundsätzlich eher mit Problemen aus „aktiv“ genutzten Bauteilen konfrontiert werden. Trotzdem können natürlich auch andere Bauteile verschleißen. Zur Einschätzung eines Hauses ist es aber wichtiger, dass Sie sich im Schwerpunkt mit den verschleißanfälligen und teuren Gewerken auseinander setzen.

In der nachfolgenden Liste finden Sie einen Überblick, welche Elemente eines Hauses dazu gehören und welche typischen Sanierungserfordernisse sich daraus ergeben:

**Übersicht über besonders teure Sanierungsmaßnahmen**

- Dränarbeiten und Abdichtungsarbeiten, z.B. im Sockelbereich gegen Wasser und eindringende Feuchtigkeit von außen
- Maurerarbeiten, z.B. zur Ausbesserung von altem Mauerwerk
- Beton- und Stahlbetonarbeiten, z.B. zur statischen Sicherung oder Nachbesserung
- Natur-, Betonwerksteinarbeiten, z.B. zur Fassadensanierung durch einen Steinmetz
- Zimmer- und Holzbauarbeiten, z.B. bei notwendig werdenden Geschossdeckensanierungen oder Dachstuhlreparaturen
- Dachdeckungs- und Dachabdichtungsarbeiten, z.B. aufgrund Neueindeckung des Daches
- Klempnerarbeiten, z.B. zur Ausbesserung zerstörter Blechanschlüsse
- Metallbau- und Schlosserarbeiten, z.B. zur Instandsetzung defekter Zäune und Geländer
- Putz- und Stuckarbeiten, z.B. für das Verputzen und Spachteln von Fassadenflächen
- Fliesen- und Plattenarbeiten, z.B. aufgrund notwendiger Badsanierung

- Estricharbeiten, z.B. aufgrund des Einbringens von schwimmendem Estrich zur Verbesserung des Trittschallschutzes
- Tischlerarbeiten, z.B. zur Instandsetzung von Innentüren
- Parkettarbeiten, Holzpflasterarbeiten, z.B. im Falle des Schleifens und der Neuversiegelung von altem Parkett
- Rollladenarbeiten; Sonnenschutz- und Verdunkelungsanlagen, z.B. aufgrund notwendiger Reparatur von defekten Rollläden
- Verglasungsarbeiten, z.B. zur Reparatur zerbrochener Scheiben oder Austausch alter Verglasung gegen Isolierglasscheiben
- Maler- und Lackierarbeiten, z.B. für das Tapezieren und Streichen von Innenwänden und -decken
- Bodenbelagsarbeiten, z.B. zum Austausch von veraltetem Bodenbelag
- Heizungs- und Sanitärarbeiten, z.B. zum Austausch veralteter Leitungssysteme oder Sanitärgegenstände oder Dämmung von Leitungssystemen
- Wärmedämmarbeiten, z.B. zur Verringerung des Wärmedurchlasses durch Außenwand und Dach
- Feuerlöschanlagen, Feuerlöschgeräte, z.B. zur Verbesserung des Brandschutzes
- Blitzschutz- und Erdungsanlagen, z.B. zum Austausch veralteter Anlagen

- Elektroarbeiten inklusive Kabel- und Antennenarbeiten, z.B. beim Einbau von neuen Daten- oder Kabelfernsehleitungen
- Instandsetzung von Terrassen

Nachdem Sie den Zustand einzelner Hauselemente und Baudetails eingeschätzt haben, benötigen Sie nun möglichst exakte Kostenkennwerte der sanierungsbedürftigen Gebäudeteile. Dies hilft Ihnen, einzuschätzen, zu welchem Preis sich unter diesen Voraussetzungen der Hauskauf für Sie lohnt.

## Wie schätzt man die Sanierungsbedürftigkeit einzelner Bauteile ein?

**Erste Einschätzung anhand der Checklisten**

Durch die Hausbesichtigung, die Sie vorgenommen haben, und die Bewertungen, die Sie in den Checklisten angelegt haben, können Sie durchaus schon eine erste Einschätzung des Sanierungsbedarfs eines Hauses vornehmen. Beim Sanierungsbedarf eines Hauses kann man von Kleinsanierungen und Großsanierungen sprechen. Kleinere Sanierungsmaßnahmen sind z.B. der Austausch des Bodenbelags oder der Austausch von Sanitärgegenständen oder auch ein Neuverputz in Teilen des Innen- oder Außenbereichs. Großsanierungen bedeuten oft einen fundamentalen Eingriff in ganze Bauteile eines Hauses, z.B. das Aufbringen eines kompletten Vollwärmeschutzes auf die Fassade, die Installation einer neuen Wasserleitungsversorgung oder eine komplette Dachsanierung.

So ist es beispielsweise sehr viel schwieriger, im kompletten Haus sämtliche Heizungs- und Wasserrohre sowie die gesamte Elektroverkabelung auszutauschen und evtl.

neue Hausanschlüsse zu legen, als sämtliche Bodenbeläge zu wechseln. Das heißt, aus den Checklisten der von Ihnen durchgeführten Hausbesichtigung sollte unbedingt eine Zustandseinschätzung insbesondere auch der verdeckten Gewerke (wie z.B. Sanitärinstallationen) hervorgehen. Daher ist es so wichtig, dass Sie alle Rohre, die Sie sehen, genau in Augenschein nehmen und eben gerade auch „Nebenräume“ wie den Heizungskeller oder den Hausanschlussraum etc. begehen. Genauso, wie Sie den Haussicherungskasten und die Zähleruhren etc. genau ansehen sollten. Diese Gewerke sind es, die hohe Kosten verursachen können.

**Wichtig: die Zustandseinschätzung der verdeckten Gewerke**

Während man die Sanierungsbedürftigkeit eines Daches meist recht gut sieht und einschätzen kann, ist dies eben bei den verdeckten Gewerken schwieriger.

Dabei ist es gar nicht so schwer, hier eine Übersicht zu gewinnen. Wichtig ist, dass Sie die Rahmendaten haben, also Baujahr des Hauses und zwischenzeitlich erfolgte Sanierungen. Diese können Sie zugrunde legen, um sie mit den durchschnittlichen Lebensdauern der wichtigsten Bauteile zu vergleichen. Sie können grundsätzlich von folgenden Lebensdauern wichtiger Bauteile ausgehen:



**Lebensdauer von wichtigen Heizungsbauteilen**

| **Heizung** | |
|---|---|
| Heizbrenner | 10 – 20 Jahre |
| Heizkessel (Stahl) | 20 – 30 Jahre |
| Heizkessel (Guss) | 30 – 40 Jahre |
| Heizkörper (Stahl) | 25 – 40 Jahre |
| Heizkörper (Guss) | 30 – 50 Jahre |
| Heizleitungen (Stahl) | 25 – 30 Jahre |
| Heizleitungen (Kupfer) | 30 – 40 Jahre |

Lebensdauer von wichtigen Bauteilen

| | |
|---|---|
| **Sanitär** | |
| Wasserleitungen (Kunststoff) | 25 – 30 Jahre |
| Wasserleitungen (Stahl) | 25 – 30 Jahre |
| Wasserleitungen (Blei) | 25 – 30 Jahre |
| Wasserleitungen (Kupfer) | 30 – 40 Jahre |
| Sanitärgegenstände | 25 – 40 Jahre |
| Armaturen | 15 – 30 Jahre |
| **Elektro** | |
| Elektroleitungen | 30 – 50 Jahre |
| Elektroschalter und -dosen | 20 – 40 Jahre |
| Elektrodurchlauferhitzer | 10 – 20 Jahre |
| Elektroheizgeräte | 10 – 20 Jahre |
| **Fenster** | |
| Kunststofffenster | 15 – 25 Jahre |
| Holzfenster (Hartholz) | Je nach Pflege 10 – 50 Jahre, bei sehr guter Pflege auch länger |
| **Türen** | |
| Innentüren (Vollholz) | bis zu 80 und mehr Jahre |
| Innentüren (Pressholz) | 20 – 30 Jahre |
| Außentüren (Hartvollholz) | Je nach Pflege 10 – 50 Jahre, bei sehr guter Pflege auch länger |
| Außentüren (Schichtholz) | 15 – 20 Jahre |
| Außentüren (Kunststoff) | 15 – 30 Jahre |
| **Fassade** | |
| Außenwandputz | 30 – 40 Jahre |
| Außenanstrich | 10 – 15 Jahre |
| Klinkerverkleidungen | Bis zu 100 Jahre und darüber hinaus |

| | |
|---|---|
| Sockelplatten | Je nach Ausführung 10 – 30 Jahre |
| Fensterbänke (Aluminium) | 30 – 40 Jahre |
| Fensterbänke (Hartvollholz) | Je nach Pflege 10 – 50 Jahre, bei sehr guter Pflege auch länger |
| Fensterbänke (Naturstein) | Bis zu 100 Jahre und darüber hinaus |
| Vordächer, Geländer (Hartvollholz) | Je nach Pflege 10 – 50 Jahre, bei sehr guter Pflege auch länger |
| Vordächer, Geländer (Stahl) | 10 – 25 Jahre |
| Vordächer, Geländer (Verzinkt) | 25 – 40 Jahre |
| Vordächer, Geländer (Aluminium) | 30 – 45 Jahre |
| **Dacheindeckung** | |
| Tonziegel | 40 – 60 Jahre |
| Zinkblech | 30 – 40 Jahre |
| Titanzink/Kupfer | 40 – 60 Jahre |
| Betondachsteine | 30 – 45 Jahre |
| Foliendächer mit Kiesauffüllung | 25 – 35 Jahre |
| Schiefereindeckung | 50 – 80 Jahre |
| Pappbahneneindeckung | 20 – 30 Jahre |
| **Dachrinnen** | |
| Stahl (Verzinkt) | 20 – 30 Jahre |
| Zink | 30 – 40 Jahre |
| Aluminium | 35 – 45 Jahre |
| Kupfer | 40 – 50 Jahre |
| **Kellerabdichtung** | |
| Mit einfachem Bitumenanstrich | 25 – 40 Jahre |
| Mit aufwändiger Abdichtung, Kiesverfüllung und Dränage | 40 – 60 Jahre |

Lebensdauer von wichtigen Bauteilen

**Klein- oder Großsanierung?**

In einem zweiten Schritt sollten Sie dann einschätzen, ob aufgrund der gemachten Beobachtungen eine Klein- oder eine Großsanierung erfolgen muss. Wenn Sie sich hierüber im Klaren sind, können Sie einmal Kopien der Pläne an ein Handwerksunternehmen faxen (z.B. Heizungsbauer oder Dachdecker) und um eine allererste, sehr grobe Einschätzung bitten, was das jeweilige Gewerk im Falle der Vollsanierung für diesen Haustyp ca. kosten würde. Sie können auch um die Angabe einer Referenz eines bereits durchgeführten Sanierungsvorhabens gleicher Größenordnung bitten. Dadurch ist es Ihnen ganz einfach möglich, sich auch bei den Auftraggebern des Handwerkers nach Kosten und Qualität der durchgeführten Sanierungsarbeiten zu erkundigen. Fragen Sie beispielsweise bei zwei oder drei Handwerksunternehmen telefonisch an und legen Sie die Pläne vor und geben Sie mit einigen Stichworten an, welchen Standard Sie wünschen. Die betreffenden Unternehmen finden Sie nach Gewerken sortiert in Ihrem regionalen Branchen-Fernsprechbuch (Gelbe Seiten). Fragen Sie Handwerker unbedingt nach den Grundlagen ihrer Kalkulation, also auf welchem Wege sie zu ihren Einschätzungen kommen (also z.B. über Erfahrungswerte gleich großer Vorhaben oder über eine überschlägige Material- und Arbeitskostenberechnung).

**Stellen Sie sich einen Pool von Handwerkern zusammen**

Es ist in diesem Zusammenhang übrigens sehr ratsam, sich, schon bevor man auf die Haussuche geht, einen Pool von Handwerkern zusammenzustellen, deren Beratung man dann zügig abfragen kann. So können Sie beispielsweise einen Heizungsbaufachbetrieb schon im Vorhinein ansprechen und berichten, dass Sie momentan auf der Suche nach einem gebrauchten Haus sind und im Falle des Falles von einem Fachbetrieb evtl. eine rasche Sanierungseinschätzung dieses Gewerks bräuchten. Wenn Sie dort dann direkt nach der Besichtigung Pläne und Bilder vorlegen, kann man Ihnen evtl. sehr rasch eine grobe Einschätzung geben. Wichtig ist in dieser Hinsicht insbesondere ein Sanitär- und Heizungsfachbetrieb, ein Elektrofachbetrieb, ein Abdichtungsunternehmen (Bautenabdichtung im Kellerbereich), ein Estrich- bzw. Bodenlegerbetrieb, ein Dachdeckerbetrieb sowie ein Fensterbaubetrieb.

**Rasche grobe Einschätzung direkt nach der Besichtigung**

Wenn diese Betriebe darauf vorbereitet sind, von Ihnen im Falle des Falles Unterlagen zugesandt zu bekommen mit der Bitte um rasche Einschätzung, können Sie trotz dieser Prüfung evtl. doch rasch entscheiden, ob Sie kaufen oder nicht und haben im Falle des Kaufs des Objekts den großen Vorteil, dass Sie ungefähr einschätzen können, was an Sanierungskosten durch die kostenintensiven Gewerke auf Sie zukommen kann.

## Was muss bei der Sanierung und Modernisierung der Haustechnik beachtet werden?

Bei der Sanierung der Gebäudetechnik müssen verschiedene Aspekte beachtet werden und nicht alles, was Sie sich vielleicht wünschen, wird machbar sein. So kann z.B. nicht jede Art von Heizsystem überall eingebaut werden (z.B. eine Fußbodenheizung) oder auch bestimmte Heizmedien nicht eingesetzt werden (z.B. Gas, weil es keinen Gasanschluss gibt).

**Drei wichtige Bereiche der Gebäudetechnik**

Grundsätzlich gehören zur Gebäudetechnik drei Bereiche: Heiztechnik, Wasser- und Abwassertechnik sowie Elektrotechnik. Was sie kennzeichnet und was bei Modernisierungen beachtet werden muss, erfahren Sie nachfolgend.

### Heizungs- und Sanitärtechnik

Sowohl bei der Heizungstechnik als auch bei der Sanitärtechnik geht es im Grunde nur um das Aufheizen des Mediums Wasser, zum einen zur indirekten Nutzung des Wassers als Wärmespeichermedium, z.B. in Heizkörpern, und zum anderen zur direkten Nutzung als Warmwasser, z.B. zum Duschen. Die eigentliche Heizanlage, der so genannte Brenner, ist das Gerät, in dem (meist) Erdöl oder Erdgas, immer öfter aber auch pflanzliche Öle (z.B. Rapsöl) oder Holzschnitzel verbrannt werden, um mit dieser Hitze das Speicher- und Trägermedium (Wasser) zu erwärmen.

Interessant für Sie sind neben den peripheren Einrichtungen, wie Rohrleitungen und -materialien, Heizkörperarten und -formen, also insbesondere das „technische Herz" Ihrer Wärmeversorgung im Haus, in dem die Wärmeerzeugung und Wärmeabgabe an das Trägermedium Wasser geschieht.

**Das sollten Sie bei der Sanierung beachten**

Bei den Überlegungen zu einer Sanierung sollten Sie in jedem Fall drei Dinge beachten:

- die ökologische Seite der Anlage (z.B. die Frage, ob Erdöl noch zeitgemäß ist),
- die ökonomische Seite der Anlage (z.B. wie teuer und wie sparsam welche Anlage ist) und
- die lokalen Gegebenheiten (z.B. ob ein Fernwärmeanschluss möglich ist).

Bei der Frage, ob Sie eine Heizanlage nur teilweise oder komplett ersetzen müssen, ist es zunächst wichtig, zu klären, welche Möglichkeiten Sie in technischer Hinsicht überhaupt haben. Gibt es z.B. einen Gasanschluss oder einen Fernwärmeanschluss? Wenn Sie an einem Fernwärmeanschluss partizipieren können, ist dies unter dem Gesichtspunkt der Ökologie eine erstrebenswerte Lösung. Kombiniert mit einer Brauchwassererwärmungsanlage auf dem Dach ist dies auch für ein ansonsten altes Haus eine moderne Heizungs- und Warmwasserausstattung.

Möglicherweise ist Fernwärme aber nicht vorhanden, dafür aber eine öffentliche Gasleitung direkt vor dem Haus. Sie können dann z.B. einen modernen Gasbrenner einbauen.

Wenn beides nicht möglich ist, könnten Sie z.B. überlegen, ob Sie eine moderne Holzpelletanlage einbauen.

**Auch in alte Häuser kann man moderne Heizanlagen einbauen**

Wichtig ist zu wissen, dass man auch in sehr alte Häuser sehr moderne Heizanlagen einbauen kann und dass auch auf sehr alten Dächern die Installation von Brauchwassererwärmung- und Photovoltaikelementen grundsätzlich möglich ist.

Das größte Problem wird für Sie aber sein, sich einen Überblick über die Angebote am Markt zu verschaffen. Der Ratgeber „Heizung und Warmwasser“ der Verbraucherzentralen behandelt dieses Thema ausführlich. Beratung zur Heizungstechnik und Informationen zur Förderung bieten die Energieberatungen der Verbraucherzentralen an. Entsprechende Adressen finden Sie unter www.bafa.de.



Weitere Informationsmöglichkeiten sind Fachmessen. Auf diesen gibt es neben den Tagen für das Fachpublikum häufig auch einen oder zwei Tage für die Allgemeinheit, die Sie nutzen können, um sich zu informieren. Die Internationale Leitmesse für Haus- und Gebäudetechnik ISH in Frankfurt ist die diesbezüglich größte Messe in Deutschland. Die Messetermine erfahren Sie im Internet unter www.ish.messefrankfurt.com. Der Besuch einer solchen Messe lohnt sich vor der Installation einer neuen Heizungsanlage in jedem Fall auch für Laien. Man erhält einen sehr interessanten Überblick über den aktuellen Stand der Technik und die Auswahlmöglichkeiten. Wenn Sie schnell eine Kaufentscheidung für ein Haus treffen müssen, können Sie sich im Anschluss immer noch in Ruhe über moderne Heizanlagen informieren. Wichtig ist nur, dass Ihnen schon beim Kauf bewusst ist, dass Sie eine alte Anlage evtl. spätestens nach dem nächsten Winter wechseln müssen.

### Elektrotechnik

**Variationsbreite an Ausstattungsmöglichkeiten**

Im Elektrobereich gibt es ebenfalls längst eine ungeheure Variationsbreite an Ausstattungsmöglichkeiten.

Grundsätzlich gibt es zum einen die einfachen, herkömmlichen Elektroausstattungsvarianten und zum anderen so genannte BUS-Systeme, die Ihnen eine integrative Elektroschaltung ermöglichen, bei der die verschiedenen Geräte z.B. auch in Abhängigkeit voneinander bzw. Zuordnung zueinander gesteuert werden können. Dies kann vorteilhaft sein, wenn Sie z.B. eine zentrale Schaltstelle für verschiedene Geräte haben wollen oder komplexe Elektroeinrichtungen planen. Diese Anlagen sind jedoch für durchschnittliche Ansprüche nicht notwendig.

**Probleme bei alten Häusern**

Die Elektroausstattung alter Häuser kann in zweierlei Hinsicht problematisch sein: Zum einen kann sie zu einem Sicherheitsrisiko werden, wenn Leitungen nicht gut verlegt oder brüchig sind, zum anderen kann sie schnell überlastet werden, z.B. durch den gleichzeitigen Betrieb vieler moderner Elektrobetriebsgeräte, wie Tiefkühltruhe, Kühlschrank, Geschirrspüler, Waschmaschine, Stereoanlage, Computer etc.

Darüber hinaus ist die Elektroausstattung eines Hauses aber vor allem eine Komfortfrage. Wie viele Steckdosen will man z.B. pro Zimmer? Wie viele Lichtschalter will man in langen Fluren? Wie viele Wand- und Deckenauslässe für Beleuchtungen benötigt man? Will man eine Alarmanlage? Benötigt man elektrische Rollläden? Hier sind die persönlichen Bedürfnisse einfach sehr verschieden und man kann keine generellen Tipps geben.

**Wichtig: die Frage der Sicherheit**

Wichtig für Sie ist zu wissen, dass man auch in sehr alten Häusern sehr moderne Elektroanlagen installieren kann und dass die wirklich wichtige Frage hinsichtlich der elektrotechnischen Ausstattung lautet: Ist die vorhandene Elektroinstallation in allen Punkten wirklich sicher und vor allem auch kindersicher? Sind also z.B. FI-Schutzschalter im Bad vorhanden, damit sofort der Stromfluss unterbrochen wird, wenn beispielsweise der Fön in die Badewanne fällt, sind alle Elektroleitungen gut isoliert und nicht brüchig und sind Sicherungskästen außer Reichweite von Kindern?

## Und was ist mit der Bausubstanz?

**Die am häufigsten verwendeten Baustoffe**

Die am häufigsten verwendeten Baustoffe im privaten Einfamilienhausbau sind Stein, Holz und Beton, und zwar in dieser Reihenfolge. Innerhalb dieser Stoffgruppen gibt es jedoch riesige Unterschiede z.B. in Bezug auf die Materialfestigkeit, die Materialbearbeitung oder den Materialpreis, vom Kalksandstein bis zum Ziegel, vom Fichten- bis zum Buchenholz, vom Leichtbeton bis zum B25 Beton. Darüber hinaus gibt es natürlich auch häufig die Kombinationen mehrerer Baustoffe, z.B. Gebäude mit einem Betonkeller, mit Obergeschossen aus Mauerwerk und einem Dachstuhl aus Holz. Es ist daher sinnvoll, sich intensiv mit den Baustoffen auseinander zu setzen, weil sie sozusagen die wesentlichen und praktisch nicht

**Die wirkliche Bauqualität erkennen Sie nicht an den Oberflächenbauteilen**

änderbaren Grundelemente Ihres Hauses bilden. Die wirkliche Bauqualität eines Hauses erkennen Sie oft eben nicht an seinen Oberflächenbauteilen, sondern an seinen verdeckten Bauteilen. Hier verstecken sich z.B. Informationen über die Dämmqualität der Wände und mit welchen Mitteln sie erreicht wird genauso wie Informationen über den Schallschutz oder die Abdichtung des Kellers gegen eindringendes Wasser oder aber die Dämmqualität des Dachaufbaus. Das heißt für Sie ganz konkret, dass Sie Informationen über diese Bauteile haben sollten. Auskunft hierüber kann die Ausführungsplanung des Hauses geben, soweit sie noch vorhanden ist. Ist dies nicht mehr der Fall, kann es im Einzelfall notwendig werden, eine Wand oder eine Decke auch einmal sehr kleinteilig an einer unauffälligen Stelle zu öffnen. Ein Energieberater wird dies in jedem Fall tun müssen, um sich einen Überblick über die Baustoffe und die Dämmqualität des Hauses zu verschaffen.

**Drei wichtige Felder, die Sie beachten sollten**

Drei wichtige Felder sollten Sie hierbei unbedingt beachten:

- den Feuchtigkeitsschutz im Fundament- und Kellerbereich sowie im Dachbereich,
- die Wärmedämmung aller Außenwände und des Dachgeschosses, bzw. der obersten Geschossdecke und der Kellerdecke sowie
- die Schalldämmung in Bezug auf Körperschall- und Trittschalldämmung, vor allem bei den Geschosszwischendecken und im Treppenhaus.

Das Einbringen neuer Feuchtigkeitssperren im Außenbereich eines Kellers oder Fundamentes kann sehr teuer werden. Hier muss mitunter nachträglich eine Horizontalsperre in die Wände gerammt werden, bzw. eine Injektion von feuchtesperrendem Material in die Wände erfolgen. Darüber hinaus kann es notwendig werden, den gesamten Kellerbereich aufzugraben, um ihn nachträglich von außen abzudichten.

Auch die Sanierung eines defekten Daches kann aufwändig und teuer werden, wenn sie auch durchführungstechnisch weit weniger kompliziert ist als das nachträgliche Trockenlegen eines Kellers.

Bei fehlender Wärmedämmung eines Altbaus kann das Aufbringen einer komplett neuen Wärmedämmung notwendig werden, um die Heizkosten deutlich zu senken.

**Fragen Sie nach dem Gebäudeenergieausweis**

Fragen Sie daher bei Ihrem Hauskauf unbedingt danach, ob das Gebäude einen Gebäudeenergieausweis hat, auch wenn dieser noch wenig verbreitet ist. Wichtig ist in jedem Falle aber, den exakten Wandaufbau und die verwendeten Materialien zu kennen. Fragen Sie auch nach dem jährlichen Energieverbrauch. Haben Sie außerdem ungefähre Angaben zur Grundfläche des Hauses, können Sie den Quadratmeterverbrauch errechnen. Wenn Sie sich zu einer Wärmeschutzsanierung entschließen, muss Ihnen beim Kauf eines Altbaus klar sein, dass Sie hier möglicherweise keinen Vollwärmeschutz von außen aufbringen können, weil dieser auf kunstvoll verzierten Fassaden nicht anzubringen ist und deren Optik auch zerstören würde. Sie müssen dann mit einer bauphysikalisch nicht so günstigen Innendämmung Vorlieb nehmen, die in jedem Fall die Wohnfläche reduzieren wird.

Ihnen wird bezüglich der Hausdämmung immer wieder der Begriff des so genannten U-Werts begegnen. Was ist das? Der U-Wert ist der so genannte Wärmedurchgangskoeffizient (▸▸ Glossar, Seite 144). Er gibt an, wie viel Wärme unter bestimmten Bedingungen durch ein Bauteil gelangt. Dies hängt wesentlich von der Dicke des Bauteils und seiner spezifischen Wärmeleitfähigkeit ab. Dämmstoffe haben eine sehr geringe Wärmeleitfähigkeit, normaler Beton ohne wärmedämmende Zuschläge oder Metall hat beispielsweise eine hohe Wärmeleitfähigkeit. Je kleiner der U-Wert, desto besser die Wärmedämmeigenschaft. Die ungedämmte Außenwand eines 70er Jahre Reihenhauses kann einen U-Wert von ca. 1,6 haben, der sich durch Anbringen eines Wärmedämm-Verbundsystems an der Außenfassade erheblich verbessern lässt. Ein guter U-Wert für eine Außenwand liegt bei 0,28 bis 0,25, ein sehr guter bei 0,2 bis 0,1.

## Glossar

### Wärmedurchgangskoeffizient

Um die Wärme in einem Körper zu halten, muss sein beheiztes Volumen gegen die unbeheizte Umgebung möglichst optimal gedämmt werden. Dies gilt für eine Thermoskanne genauso wie für ein Gebäude.

Der Wärmedurchgangskoeffizient, der so genannte U-Wert, heißt vollständig Umkehr-Wert. Er gibt den Wärmedurchgang durch ein Bauteil an, den so genannten Wärmedurchgangskoeffizienten, d.h. wie viel Wärme unter bestimmten Bedingungen durch ein Bauteil gelangt. Er ist der Umkehr-Wert (früher k-Wert von Kehrwert) des Wärmedurchlasswiderstandes. Der Wärmedurchlasswiderstand wiederum beschreibt, wie viel Widerstand ein Bauteil dem Wärmedurchgang entgegensetzt.

### Berechnung des U-Werts

Der U-Wert wird berechnet, indem man die Zahl 1 dividiert durch die Summe der Wärmeleitfähigkeit der einzelnen Schichten des Bauteils sowie der beiden Wärmeübergangskoeffizienten „$\alpha$“ zu beiden Seiten des Bauteils $\alpha_i$ (innen) und $\alpha_a$ (außen).

**Die Wärmeleitfähigkeit** von Bauteilen wird mit dem Begriff Klein lambda „λ" angegeben. Sie besagt, welche Wärmemenge „Q" (Einheit Ws) pro Sekunde (s) und pro Quadratmeter ($m^2$) durch eine ein Meter dicke Schicht (m) eines Stoffes hindurchgeht, wenn der Wärmeunterschied zwischen beiden Temperaturflächen, also Innenfläche und Außenfläche, 1 Kelvin (K) beträgt.

Die beiden **Wärmeübergangskoeffizienten** $\alpha_i$ (innen) und $\alpha_a$ (außen) beschreiben den Wärmeübergang vom beheizten Innenraum in das Außenbauteil und vom Außenbauteil in den kühlen Außenraum. Sie sind festgelegte Konstante.

**Unzureichende Schalldämmung**

Viele Gebäude mit Baujahren bis hin zu den 1970er Jahren haben eine nicht ausreichende Schalldämmung. Bei der Schallerzeugung unterscheidet man zwischen Körperschalleintrag und Luftschalleintrag. Beim Körperschalleintrag wird über einen direkten Körperkontakt zwischen einem Gegenstand und dem Gebäudekörper an sich eine Schwingung in Letzteren eingetragen. Dies passiert z.B., wenn man über eine Decke läuft und so genannten Trittschall einbringt. Beim Luftschall ist die Luft das Zwischenmedium, das zum Schwingen gebracht wird und diese Schwingung in den Gebäudekörper einträgt. So kann es z.B. sein, dass Ihr Nachbar ein Blasinstrument spielt. Die Luftschwingung, die er damit erzeugt, überträgt sich auf die Gebäudesubstanz und kann sehr störend wirken.

**Störend: Trittschall und Fließgeräusche**

Beim Körperschall wirken meist der Trittschall und Fließgeräusche von Leitungen am störendsten. Besserer Trittschallschutz ist nur zu erreichen, indem man alte Estriche entweder herausnimmt und durch neue, so genannte schwimmende Estriche ersetzt oder indem man auf alte Estriche eine neue Bodenlage einbringt. Dies ist aber praktisch kaum möglich, da sich hierdurch Raum- und Türdurchgangshöhen verringern. Der Schalleintrag aus Rohrleitungen hingegen kann durch das Dekontakten von Wandbauteilen und das Montieren der Rohre mit so genannten Schallschutzschellen verbessert werden.

**Unterschied zwischen Körperschall und Luftschall-übertragung**

Beim Luftschall werden vor Zwischenwände oft so genannte Vorsatzschalen gesetzt. Das heißt, vor die eigentliche Wand wird eine leichte, biegeweiche Schale montiert, z.B. aus Gipskarton. Wird diese z.B. noch mit einem weichen Faserdämmstoff hinterfüllt, kann dies den Schallschutz wesentlich verbessern, führt aber natürlich zu einer Reduzierung der Wohnflächen.

# Kapitel 6
# Hilfen für die Beurteilung des Kaufpreises

**Zerlegen Sie den Pauschalpreis in seine Einzelteile**

Um zu ermitteln, ob der Kaufpreis eines Hauses, das Sie gerne erwerben möchten, angemessen ist, müssen Sie den Pauschalpreis, der Ihnen von der Verkäuferseite genannt wird, in seine Einzelteile zerlegen, um ihn transparent zu machen. Parallel hierzu müssen Sie Vergleichspreise aus dem Umfeld der Immobilie einholen und dann die einzelnen Preiskomponenten abgleichen. Nur so können Sie feststellen, ob der Preis angemessen ist oder nicht. Immobilienpreise sind immer Preise, bei denen nicht noch zusätzlich eine Mehrwertsteuer anfällt. Es gibt Options-Ausnahmen im Bereich gewerblicher Immobilien und dortiger Verkäufe, die für Verbraucher aber nicht von Relevanz sind.

**Lassen Sie sich eine Flächenberechnung vorlegen**

Für die Ermittlung der Angemessenheit des Kaufpreises ist es zunächst wichtig, dass Sie die exakten Quadratmeterpreise der Wohnfläche des betreffenden Hauses kennen. Es ist durchaus möglich, dass der Verkäufer die Gesamtfläche „aufrundet", um das Objekt in besserem Licht erscheinen zu lassen. Daher sollten Sie sich eine Flächenberechnung vorlegen lassen. Im Baugesuch ist beispielsweise in der Regel eine Flächenberechnung enthalten. Je nach Baujahr des Hauses können Sie auf unterschiedliche Berechnungsarten stoßen:

**Unterschiedliche Berechnungsarten**

- Berechnung nach der Wohnflächenverordnung (WoFlV), die seit dem 1.1.2004 in Kraft getreten ist.
- Berechnung nach der Zweiten Berechnungsverordnung (II. BV.), die mittlerweile außer Kraft getreten ist und durch die Wohnflächenverordnung ersetzt wurde.
- Berechnung nach DIN 277, die jedoch keine Wohnflächen ermittelt, sondern eine Flächenberechnung zur Zuordnung von Kostengruppen bei der Baukostenberechnung eines Gebäudes ist.

- Berechnung nach DIN 283, deren Blatt 1 1998 zurückgezogen wurde und deren Blatt 2 1983 zurückgezogen wurde.

**Prüfen Sie die Angaben der Flächenberechnung**

Diese Berechnungsansätze unterscheiden sich leicht, so dass bei ein und demselben Gebäude als Ergebnis unterschiedliche Gesamtflächenangaben herauskommen können. Trotzdem erhalten Sie mit der vorgelegten Flächenberechnung (mit Rechenweg und inklusive Aufmaßplänen zu der Berechnung) eine Flächenangabe, die Sie nachvollziehen und stichprobenweise überprüfen können. Sie können hierzu z.B. die Länge und Breite mehrerer Räume vor Ort nachmessen und mit den Angaben der Flächenberechnung vergleichen.

Es ist jedoch durchaus auch möglich, dass es gerade bei älteren Gebäuden keine Flächenberechnung und auch keine Pläne mehr gibt. In diesem Fall ist zu überlegen, von einem Fachmann eine Flächenberechnung nach der neuen Wohnflächenverordnung durchführen zu lassen. Wohnflächenaufmaße fertigen z.B. Vermessungs- oder Architekturbüros an. Die Kosten hierfür können sich Käufer und Verkäufer beispielsweise teilen.

**Sicherheitsregelung in den Vertrag einbauen**

Lassen sich die Flächenangaben des Verkäufers nicht prüfen, kann man eine Sicherheitsregelung in den Vertrag einbauen. Wird das Haus zu einem Pauschalpreis veräußert, könnte beispielsweise ein Passus in den Kaufvertrag mit aufgenommen werden, der bei wesentlichen Abweichungen (z.B. 10 % von der im Vertrag benannten Wohnflächenangabe) einer Wohnflächenvermessung nach der Wohnflächenverordnung eine Reduktion des Kaufpreises gemäß einer festen Summe pro geringerer Quadratmeterfläche ermöglicht. Errechnet sich der Verkaufspreis eines Hauses hingegen vertraglich exakt aus einem Quadratmeterpreis und dessen Aufsummierung auf die Gesamtfläche des Gebäudes, können schon geringere Flächenabweichungen zu berechtigten Änderungen des Kaufpreises führen.

## Vergleichspreise

Sehr viele Kommunen und Landkreise in der Bundesrepublik Deutschland haben so genannte Gutachterausschüsse, in denen u.a. die Sachverständigen für die Wertermittlung von bebauten und unbebauten Grundstücken der betreffenden Region zusammensitzen und die Kaufpreise von Grundstücken und Gebäuden der vergangenen Jahre – bezogen auf die spezielle Region – zusammentragen. Hieraus lassen sich sehr einfach Durchschnittswerte für bestimmte Haustypen in bestimmten Regionen ermitteln. Diese Dokumentationen sind in aller Regel frei zugänglich bzw. gegen eine Gebühr erhältlich. Die Einsichtnahme in die Dokumentationen der Gutachterausschüsse einer Kommune bzw. eines Landkreises ist wichtig und sinnvoll, um eine fundierte Kaufpreisbeurteilung für bestimmte Lagen und Haustypen durchführen zu können. Fragen Sie bei Ihrer Kommune oder Ihrem Landkreis, also im Rathaus oder im Landratsamt, in der dortigen Baubehörde nach dem Gutachterausschuss und wie Sie dessen Dokumentation erhalten können. Die Baubehörden in Rathäusern und Landratsämtern wissen dies in aller Regel. Erhalten Sie hier keine Auskunft, wenden Sie sich direkt an einen Stadtrat oder Landkreistagsabgeordneten.

Dokumentationen der Gutachterausschüsse

## Die einzelnen Preiskomponenten

Wichtig: die Trennung von Grundstück und Gebäude

Nachdem Sie so eine erste Übersicht über die Vergleichspreise in Ihrer Region gewonnen haben, müssen Sie nun Ihr eigenes Wunschobjekt in seine einzelnen Preiskomponenten zerlegen. Wichtig ist hierbei vor allem die Trennung in Grundstück und Gebäude. Da Sie anhand der

Dokumentationen der Gutachterausschüsse die Grundstücks-Quadratmeterpreise der Umgebung in Erfahrung bringen, können Sie den verbleibenden Restbetrag als die tatsächlichen Gebäudekosten ansetzen.

**Rechnen Sie den Kaufpreis auf die Quadratmeterpreise um**

Um diese nun wieder realistisch einzuschätzen, müssen Sie den Kaufpreis nun auf die Quadratmeterpreise Ihres Gebäudes umrechnen. Anhand der Dokumentationen der Gutachterausschüsse über die Gebäude-Quadratmeterpreise vergleichbarer Häuser in Ihrer Region können Sie nun sehen, ob der Preis für das Haus, das Sie interessiert, angemessen ist oder nicht. Sehr wichtig ist hierbei aber, dass Sie in die Gebäude-Quadratmeterpreise Ihres Wunsch-Hauses auch die zusätzlich anfallenden überschlägigen Sanierungskosten einrechnen.

**Beispiel für die Aufschlüsselung des Kaufpreises**

Auf den Seiten 154 und 155 finden Sie das Beispiel der Aufschlüsselung eines Kaufpreises in seine Bestandteile, wobei die Kosten notwendiger Sanierungsmaßnahmen im Vergleich zu den Kosten eines Neubaus in identischer Größe berücksichtigt sind.

Indem Sie die Gesamtkosten zerlegen, dadurch die Gebäudekosten an sich ermitteln, die voraussichtlichen Sanierungskosten einrechnen und schließlich das Ergebnis mit den Werten der regional ansässigen Gutachterausschüsse abgleichen, können Sie sich relativ rasch ein gutes Urteil über die Angemessenheit des Kaufpreises bilden.

Insoweit Sie einen Umbau des Hauses anstreben, weil Ihnen z.B. die Grundrissaufteilung nicht zusagt, sollten Sie diese allerdings nicht mit in die Vergleichsrechnung aufnehmen. Denn dies würde sie verfälschen, da es sich bei einem Verschönerungsumbau nicht um eine notwendige Maßnahme handelt, die dazu dient, den Wert der Bausubstanz an sich zu sichern.

## Beispiel: Einschätzung des Kaufpreises für ein Einfamilienhaus

Freistehendes Einfamilienhaus, Baujahr 1973
Wohngebiet am Stadtrand, ruhige Lage

| | |
|---|---|
| Grundstücksgröße | ca. 565 $m^2$ |
| Wohnfläche | ca. 185 $m^2$ |

Keller, Erdgeschoss, Dachgeschoss ausgebaut
einfache bis mittlere Ausstattung

| | |
|---|---|
| Geforderter Kaufpreis: | 390.000,– Euro |

**1.0 Aufsplittung des Kaufpreises**

| | | |
|---|---|---|
| 1.1 | Grundstückswertanteil (Durchschnittlicher $m^2$-Preis Bauland im betreffenden Wohngebiet 250 Euro/$m^2$): | 141.250,– Euro |
| 1.2 | Gebäudewertanteil (Kaufpreis minus Grundstückswertanteil) | 248.750,– Euro |

**2.0 Kosten pro $m^2$ Wohnfläche**

| | | |
|---|---|---|
| Wohnfläche des Hauses: | 185 $m^2$ | |
| Gebäudewertanteil: | 248.750,– | |
| (Gebäudewertanteil geteilt durch Wohnfläche): | | 1.345,– Euro/$m^2$ |

**3.0 geschätzter Sanierungsaufwand**

| | |
|---|---|
| Teilsanierung Kelleraußenwand | 20.000,– Euro |
| Einbau neuer Fenster | 18.000,– Euro |
| Einbau neuer Haustüre | 2.500,– Euro |
| Putzausbesserung der Fassade | 3.300,– Euro |
| Außenanstrich erneuern | 6.400,– Euro |
| Dachdeckung in Teilbereichen ausbessern | 2.800,– Euro |
| Einbau eines neuen Heizungsbrenners | 2.500,– Euro |
| Austausch defekter Heizkörper | 1.800,– Euro |
| Erweiterung der Elektroinstallation | 2.800,– Euro |
| Erneuerung der Fliesen in Bad und WC | 3.100,– Euro |
| Austausch der Sanitärgegenstände | 2.800,– Euro |
| Parkettboden abschleifen und versiegeln | 1.300,– Euro |
| Teppichbodenverlegung im Dachgeschoss | 2.300,– Euro |
| Maler- und Tapezierarbeiten innen | 6.400,– Euro |
| | ––––––––––– |
| | 76.000,– Euro |
| Kosten pro $m^2$ Wohnfläche saniert (Gebäudewertanteil plus Sanierungskosten geteilt durch Wohnfläche): | 1.755,– Euro/$m^2$ |

**4.0 Vergleich der Kosten pro $m^2$ zu einem gleichwertigen Neubau (inkl. Architektenkosten, Erschließungskosten usw.)**

| | |
|---|---|
| Neubau einfache Ausstattung | bis 1.280,– Euro/$m^2$ |
| Neubau mittlere Ausstattung | bis 1.800,– Euro/$m^2$ |
| Neubau gehobene Ausstattung | bis 2.300,– Euro/$m^2$ |
| Neubau hochwertige Ausstattung | über 2.300,– Euro/$m^2$ |

**Ergebnis: Das Haus ist nach Sanierung fast so teuer wie ein gleichwertiger Neubau!**

## Die aktuelle Marktsituation

**Kurzfristige Verschiebungen am Markt**

Unabhängig von den Marktbeobachtungen und -beurteilungen der Gutachter können sich natürlich kurzfristige Verschiebungen am Markt ergeben. Dies kann von den verschiedensten Umständen abhängig sein. Plötzliche Firmenpleiten können eine hohe Arbeitslosigkeit nach sich ziehen und in der Folge den Immobilienpreisspiegel ganzer Regionen verändern. Aber auch natürliche Katastrophen, wie Stürme oder Überflutungen, können der Bausubstanz einen derartigen Schaden beifügen, dass Immobilienpreise in den Keller rutschen. Umgekehrt kann die Ansiedlung eines erfolgreichen Betriebs, die Ausweisung der Umgebung als Naturschutzgebiet oder die Entlastung durch eine Umgehungsstraße die Immobilienpreise steigen lassen.

Zumeist sind es aber doch kleinere Ereignisse, die zu verschiedenen Auf- und Abbewegungen von Immobilienpreisen führen. So kann beispielsweise die Anbindung einer S-Bahn-Haltestelle in der Nähe einer Siedlung den Wert der dort befindlichen Häuser steigern, ein plötzliches Überangebot an Wohnungen bzw. Grundstücken, z.B. aufgrund der Umnutzung von größeren militärischen Anlagen für zivile Zwecke, kann zum Verfall von Immobilienpreisen führen.

**Beobachten Sie die Immobilienpreise in Ihrer Region**

Es ist daher sehr wichtig, dass Sie die Immobilienpreise in Ihrer Region auch unabhängig von den Dokumentationen der Gutachterausschüsse beobachten, um neue Entwicklungen möglichst früh zu erkennen. Hierbei kann Ihnen eine regionale Tageszeitung helfen, in der Sie zum einen Samstag für Samstag ein reichhaltiges Immobilienangebot finden, sehr oft mit direkten Preisangeboten und Quadratmeterangaben. Zum anderen finden Sie in den regionalen Tageszeitungen auch häufig Berichte über neu auszuweisendes Bauland und folgende Bauträgerprojekte etc. Auch über Aktivitäten der Kommunen hinsichtlich der Förderung von Wohneigentum oder die Initiativen unabhängiger Käufergruppen werden Sie hier unterrichtet, genauso wie über Informationen der Haus- und Grundbesitzervereine.

Die aktuelle Marktsituation kann Ihnen durchaus ein Schnäppchen bescheren, von dem Sie gar nicht zu träumen wagten, aber hierzu müssen Sie in der Regel gut und früh informiert sein.

**Vorsicht bei Zwangsversteigerungen**

Auch bei Zwangsversteigerungen lassen sich gebrauchte Häuser erwerben. Hier ist allerdings Vorsicht geboten, da ein ersteigertes Objekt häufig vorher gar nicht oder nicht ausreichend zu besichtigen ist. Ferner handelt man bei Versteigerungen aus der Natur der Sache heraus unter Zeitdruck und schließlich gelten für Ersteigerungen nicht die rechtlichen Bedingungen wie bei einem Immobilienkauf. So ist die Wandlung eines im Versteigerungsverfahren erteilten Zuschlags beispielsweise nicht möglich.

## Zusätzliche Kosten

Neben den reinen Haus- und Grundstückskosten gibt es auch noch eine ganze Reihe zusätzlicher Kosten, die Sie in Ihrem Finanzierungsplan unbedingt berücksichtigen müssen. Hier kommen zusätzliche Beträge zusammen, die Sie von vornherein einkalkulieren müssen und die sich im fünfstelligen Bereich bewegen.



### Makler

Die Maklerprovision fällt an, falls Sie die Dienste eines Maklers beansprucht haben und er Ihnen erfolgreich ein Haus vermittelt hat. Sie liegt in der Regel zwischen 3 % und 6 % zzgl. MwSt. des Kaufpreises eines Hauses.

### Grunderwerbsteuer

Die Grunderwerbsteuer wird fällig, wenn Sie Grund und Boden erwerben. Sie orientiert sich am Kaufpreis und beträgt zurzeit 3,5 %.

### Notargebühren

Erfragen Sie rechtzeitig die Sätze

Diese fallen bei allen Beurkundungen im Rahmen des Kaufs der Immobilie an (Kaufvertrag, Auflassungsvormerkung, Grundschuldeintragung). Sie orientieren sich am Kaufpreis der Immobilie. Erfragen Sie die Sätze rechtzeitig bei einem zuständigen Notariat. Werden Zahlungen über ein Notaranderkonto abgewickelt, richtet sich die Gebühr nach der Höhe dieser Summe.

### Grundbuchamt

Im Grundbuchamt müssen die notwendigen Formalien zur Eintragung des neuen Besitzers und der Löschung des alten Besitzers vorgenommen werden. Auch hierfür fallen Gebühren an. Informationen über deren exakte Höhe können Sie bei den Grundbuchämtern erfragen.

### Wertermittlung

Banken haben Interesse an der exakten Wertermittlung

Die Wertermittlung einer Immobilie ist die Voraussetzung für eine Beleihung des Gebäudes. Die Wertermittlung erfolgt in der Regel durch die finanzierende Bank oder einen staatlich vereidigten Sachverständigen für Grund- und Gebäudewertermittlung. Die finanzierende Bank hat selbst ein Interesse an einer möglichst exakten Wertermittlung, was für Sie den Vorteil hat, dass Sie sich zwar nicht unbedingt darum kümmern müssen, die Kosten der Wertermittlung aber häufig tragen müssen. Über die Höhe der Kosten sollte die Bank Sie also möglichst früh informieren.

### Honorare für Architekten oder Fachingenieure

Falls Sie sich doch sehr unsicher sind, ob Sie eine spezielle Immobilie kaufen wollen oder nicht, und nochmals fachlichen Rat brauchen, z.B. von einem Architekten oder Fachingenieur, müssen die entsprechenden Honorare mit einkalkuliert werden.

**Erschließungskosten**

Bei abseits gelegenen Häusern sollten Sie unbedingt darauf achten, dass Sie nicht plötzlich mit anstehenden hohen Erschließungskosten konfrontiert werden, die Ihnen beim Erwerb der Immobilie verschwiegen wurden. Dies kann passieren, wenn Sie ein Haus erwerben, das gerade mit einer Anbindung an die städtische Infrastruktur versehen wurde, die Rechnungen hierfür aber noch nicht gestellt und vor allem noch nicht bezahlt sind. Achten Sie daher darauf, dass die Immobilie nicht nur eine gesicherte Zufahrtsstraße hat, Gehwege, Straßenbeleuchtung, Entwässerung und Kanalisation, sondern achten Sie auch darauf, dass alle hierfür anfallenden Erschließungskosten zum Zeitpunkt Ihres Kaufes schon bezahlt sind. Nimmt Sie Ihre Kommune später hierfür in Anspruch, kann das sehr teuer werden. Auch bei einem vollständig erschlossenen Haus ist es sinnvoll, bei der Gemeinde nachzufragen, ob alle Erschließungsbeiträge bereits in Rechnung gestellt und bezahlt wurden.

**Fragen Sie, ob alle Erschließungsbeiträge bezahlt wurden**

## Beispiel: Gesamtkosten beim Hauskauf

Freistehendes Einfamilienhaus, Baujahr 1973
Wohngebiet am Stadtrand, ruhige Lage, Düsseldorf

| | |
|---|---|
| Grundstücksgröße | ca. 565 m² |
| Wohnfläche | ca. 185 m² |

Keller, Erdgeschoss, Dachgeschoss ausgebaut
einfache bis mittlere Ausstattung

| | | |
|---|---|---|
| Geforderter Kaufpreis: | | 390.000,– Euro |
| Grunderwerbsteuer 3,5 % | | 13.650,– Euro |
| **Notargebühren:** | | |
| Beurkundung | | ca. 1.310,– Euro |
| nachstehende Gebühren nur im Einzelfall: | | |
| Vorkaufsrechtsverzichtserklärung | (ca. 165,– Euro) | |
| Gebühr Fälligkeitsüberwachung | (ca. 120,– Euro) | |
| Umschreibungsüberwachung (entfällt bei Notaranderkonto) | (ca. 120,– Euro) | |
| Kosten Notaranderkonto | (ca. 1.015,– Euro) | |
| **Gerichtskosten:** | | |
| Auflassungsvormerkung | | ca. 330,– Euro |
| Eigentumsumschreibung | | ca. 655,– Euro |
| Löschung Auflassungsvormerkung | | ca. 165,– Euro |
| Grundschuldeintragung (z.B. 200.000,– Euro) | | ca. 360,– Euro |
| je Grundbuchauszug beglaubigt | | ca. 18,– Euro |
| **Finanzierungskosten Bank:** | | |
| Wertschätzungsgebühr (0,– bis 500,– Euro) | | ca. 500,– Euro |
| **Zwischensumme** | | **ca. 406.988,– Euro** |

**Eventuell zusätzliche Kosten:**

| | | |
|---|---|---|
| ▸▸ Kosten für Makler 3,57 % | | 13.923,– Euro |
| ▸▸ Erschließungsbeiträge der Stadt (längst ausgeführte Arbeiten an Straßen, Fußwegen, Straßenbeleuchtung, die jedoch noch nicht in Rechnung gestellt wurden) | z.B. | 10.000,– Euro |
| ▸▸ Anwaltskosten (Beratung, Kaufvertrag usw.) | z.B. | 1.000,– Euro |
| ▸▸ Honorar Sachverständiger Sanierungskosten | z.B. | 1.000,– Euro |
| ▸▸ Untersuchung von Boden-, Wasserproben usw. | z.B. | 500,– Euro |
| **Zwischensumme** | **ca.** | **26.423,– Euro** |

**Weitere mögliche Aufwendungen:**

| | | |
|---|---|---|
| ▸▸ Sanierungskosten in diesem Beispiel | ca. | 76.000,– Euro |
| ▸▸ Umzugskosten | ca. | 3.500,– Euro |
| ▸▸ Einbau neuer Küche | ca. | 20.000,– Euro |
| ▸▸ Vorhänge, Möbel usw. | ca. | 10.000,– Euro |
| ▸▸ Unvorhergesehenes | ca. | 10.000,– Euro |
| **Zwischensumme** | **ca.** | **119.500,– Euro** |
| **Gesamtkosten in diesem Beispiel** | **ca.** | **552.911,– Euro** |
| **Geforderter Kaufpreis** | | **390.000,– Euro** |
| **Differenz zum Kaufpreis** | **ca.** | **162.911,– Euro** |

# Kapitel 7
# Der Kaufvertrag

Wenn Sie nach reiflicher Prüfung und Abwägen aller Modalitäten Ihr Haus gefunden haben und mit dem Preis einverstanden sind, braucht eigentlich nur der Kauf per Vertrag besiegelt werden.

**Der Kaufvertrag ist nur gültig, wenn er notariell beurkundet wurde**

Das Besondere beim Kauf eines Hauses mit Grund und Boden ist, dass der Kaufvertrag nicht wie bei vielen anderen Käufen nur zwischen Verkäufer und Käufer geschlossen wird, sondern dass er von einem Notar beurkundet werden muss, was gesetzlich geregelt ist. Die damit verbundene Intention ist, dass mit Hilfe des Notars der Kaufvertrag und die Beurkundung rechtlich korrekt geschlossen und unterschrieben werden, vorher der Wille der Parteien geklärt und die Tragweite des Vertrags erklärt ist. Dies sollten Sie ernst und in Ihrem Sinne im Rahmen des Möglichen in Anspruch nehmen. Das heißt zunächst, vor allem wenn Sie keine oder kaum Erfahrungen mit Geschäften über einen Notar haben, sich die *für Sie* notwendige Zeit zu nehmen, um *vor Ihrer* Unterschrift alles geklärt zu haben, was für Sie wichtig ist. Dies umso mehr, als Sie in der Regel als Hauskäufer die Kosten der notariellen Beurkundung tragen.

## Funktion und Aufgaben des Notars

Der Notar ist gemäß Gesetz hoheitlich tätig. Das heißt, er ist bestellter und unabhängiger Träger eines öffentlichen Amtes, der allein dem Recht und Gesetz verpflichtet ist. Er muss neutral handeln, gegenüber allen beteiligten Parteien. Mit dieser Maßgabe hat er die rechtliche Seite von „schwierigen und folgenreichen" Rechtsangelegenheiten zu betreuen, zu denen Immobiliengeschäfte in jedem Fall gehören.

Laut Gesetz hat ein Notar den für die Gestaltung und den Abschluss des Vertrags maßgeblichen Sachverhalt zu erforschen, dazu gehört z.B. die Einsicht in das Grundbuch. Er sollte klären, was die Vertragsparteien tatsächlich wollen. Dazu gehört, dass er die beiden Parteien auch auf die verschiedenen Gestaltungsmöglichkeiten eines Kaufvertrags hinweist und sie über die rechtliche – nicht über die wirtschaftliche! – Tragweite des Geschäfts belehrt. Schließlich soll er die von den Parteien getroffenen Absprachen vollständig, eindeutig und juristisch korrekt im Vertrag bzw. in der Urkunde niederlegen.

Die Gebühren für die einzelnen Tätigkeiten eines Notars bemessen sich nach dem jeweiligen Geschäftswert der Beurkundung und sind bundesweit einheitlich in einer eigenen Kostenordnung (KostO) festgeschrieben.

**Sie sind nicht an bestimmte Notare gebunden**

Die Wahl des Notars ist frei, unabhängig vom Ort und Amtssitz und vom Vertragsobjekt. Das heißt, jeder kann einen Notar des eigenen Vertrauens wählen. Auch und gerade ein Hauskäufer kann dies selbstverständlich tun und darauf hinwirken, dass vor diesem Notar beurkundet wird.

Es gibt hauptberufliche Notare, die keine weitere freiberufliche oder gewerbliche Tätigkeit ausüben, und es gibt Anwaltsnotare, die gleichzeitig Anwalt und Notar sind und ihre jeweilige Funktion jeweils klar zum Ausdruck bringen und voneinander trennen müssen. Je nachdem, in welchen Bundesland Sie leben, treffen Sie eher die eine oder die andere Variante an. In Baden-Württemberg gibt es als Ausnahme den vom Staat besoldeten Amtsnotar.

Nicht immer allerdings laufen die Dinge so klar, wie vom Gesetz vorgesehen. Daher berücksichtigt dieses Kapitel die besondere Interessenlage von „nichtprofessionellen" Hauskäufern, die sich als Laien dem versierten Sachverstand der Mitbeteiligten stellen müssen. Dabei fließen die jahrelangen Erfahrungen der Verbraucherzentralen bei der Beratung und Überprüfung von Hauskaufverträgen für Verbraucher ein. Die Darstellung erhebt nicht den Anspruch auf Vollständigkeit, sie weist auf das grundsätzlich Wesentliche hin und soll Sie anregen, grundlegende Details und eigene Anliegen für sich zufriedenstellend und wirksam zu regeln.

## Das sollte vor dem Notartermin geklärt werden

**Nehmen Sie Einblick ins Grundbuch**

Bevor Sie also den Termin zur notariellen Beurkundung Ihres Kaufvertrages wahrnehmen, ist einiges zu tun. Unerlässlich ist beispielsweise, zunächst einmal möglichst auch selbst Einblick ins Grundbuch zu nehmen, um sicherzustellen, dass die angebotene Immobilie auch tatsächlich dem Verkäufer gehört. Das Grundbuch können Sie nicht ohne weiteres einsehen, mit Einverständnis des Immobilienbesitzers oder in dessen Begleitung aber sehr wohl. Ein einfacher Weg wäre auch, dass Ihnen der Verkäufer beispielsweise einen aktuellen und möglichst beglaubigten Grundbuchauszug vorlegen kann. Auch die finanzierende Bank wird eine Finanzierungszusage von dem Einblick in einen Grundbuchauszug abhängig machen. Ohne Einblick ins Grundbuch sollten Sie keine Immobilie erwerben. Und selbstverständlich sollte ein Notar vor dem Beurkundungstermin in jedem Fall selbst Einblick ins Grundbuch genommen haben. Der Verzicht auf solche Einsicht durch den Notar sollte auf gar keinen Fall akzeptiert werden.

Das Grundbuch ist ein in den Grundbuchämtern geführtes Register, in dem die Rechts- und Eigentumsverhältnisse eines Grundstücks verzeichnet sind. Konkret finden Sie hierin ein Bestandsverzeichnis mit Angaben zu Lage, Nutzungsart und Größe des Grundstücks. Genauso finden Sie hier die Angaben zum gegenwärtigen Eigentümer und zu dessen Vorgängern, außerdem finden Sie alle Eintragungen der Belastungen, Beschränkungen und Erbbaurechte und schließlich finden Sie hier auch die Eintragungen der Grundpfandrechte, also z.B. der Hypotheken und der Grundschulden. Nachdem Sie die Eigentümerfrage geklärt haben, können Sie als nächstes direkt die vom Verkäufer angegebene Quadratmeterzahl mit der eingetragenen Grundstücksgröße abgleichen.

**Hier finden Sie auch alle Eintragungen der Belastungen**

Die Grundbuchämter sind bei den Amtsgerichten oder aber bei den Kommunen angesiedelt. Letzteres gilt für Baden-Württemberg, wo die Amtsnotare teils sogar als Grundbuchbeamte tätig sind und die Kommunen häufig die Sachkosten der Grundbuchämter tragen. Die Grundbücher auch kleiner Gemeinden in Baden-Württemberg werden teilweise sogar vor Ort durch dafür zugewiesene und extra anreisende Amtsnotare eines Notarbezirks geführt. In anderen Bundesländern wiederum werden diese zentral für einen ganzen Amtsgerichtsbezirk geführt.

In manchen Bundesländern, so in Nordrhein-Westfalen, kann man das Grundbuch zwischenzeitlich auch zentral elektronisch einsehen; unter www. grundbuch.nrw.de hierzu mehr. Gleiches gilt für Rheinland-Pfalz unter www.egp.rlp.de. Der Zugriff ist Privatpersonen nicht ohne weiteres möglich, aber Notare können dies tun und ein modernes Notariat wird diese Möglichkeit nutzen. Es gibt keinen Grund, keinen Einblick ins Grundbuch zu nehmen. Alle Beteiligten könnten dies theoretisch also sogar ganz einfach am Computerbildschirm des Notars tun.

**Das Baulastenverzeichnis der Bauämter**

Zusätzlich sollten Sie auch Einblick ins Baulastenverzeichnis der Bauämter nehmen und darauf achten, inwieweit Baulasten auf dem Grundstück liegen, beispielsweise in der Form, dass der Nachbar bis an die Grundstücksgrenze bauen durfte unter der Voraussetzung, dass der Vorbesitzer Ihres Wunschhauses entsprechend weit von dieser Grenze wegbleiben musste. Das heißt, die so genannte „Abstandsfläche" liegt einseitig auf Ihrem Grundstück. Möglicherweise ist der Vorbesitzer Ihres Wunschhauses bei einem solchen Handel mit dem Nachbarn von diesem hierfür finanziell entschädigt worden. Die Nutzungsmöglichkeit Ihres Grundstückes ist dadurch aber eingeschränkt, was z.B. durch einen niedrigeren Kaufpreis ausgeglichen werden kann.

**Nehmen Sie vorhandene Schäden in das Protokoll der Begehung auf**

Wenn Sie nicht nur das Haus, sondern auch darin enthaltene Einrichtungsgegenstände miterwerben möchten (z.B. eine Einbauküche oder einen Einbauschrank), sollten Sie vor Abschluss des Kaufvertrages eine gemeinsame Ortsbegehung durchführen und jeden Kaufgegenstand genau beschreiben und ggf. auch fotografieren. Achten Sie auch auf vorhandene Schäden und nehmen Sie diese mit ins Protokoll auf. Im Kaufvertrag sollten diese Gegenstände und ihr Kaufpreis separat aufgenommen werden, damit sie nicht zur Berechnung der Höhe der Grunderwerbsteuer mit herangezogen werden. Denn nur für den Kauf der Immobilie fällt die Steuer an, nicht für einen Möbelkauf oder einen Markisenkauf etc. Wird eine Immobilie inklusive Einbauküche angeboten, sollte der Küchenpreis vom Immobilienpreis abgezogen und getrennt aufgeführt werden. Gleiches gilt für andere Kaufgegenstände, die mit der Immobilie erworben werden. Das spart Grunderwerbsteuer. Nehmen Sie auch alle Schäden an der Gebäudesubstanz mit auf, die Sie erkennen können (Risse im Fensterglas, Schäden an Türblättern etc.). Für den Fall, dass in der Zeit zwischen Abschluss des Kaufvertrags und der Besitzübergabe neue Schäden entstehen, können Sie ggf. eine Minderung des Kaufpreises geltend machen. Einen solchen Passus sollten Sie in den Kaufvertrag mit aufnehmen (» Seite 173).

**Tipp**

Um während der Zeit bis zur Eintragung des Eigentümerwechsels ins Grundbuch (dies kann einige Wochen, auch Monate dauern) keine unliebsamen Überraschungen zu erleben, sollten Sie unbedingt eine Auflassungsvormerkung im Grundbuch eintragen lassen. Diese kann binnen weniger Tage eingetragen werden. Auf diese Weise schützen Sie sich davor, dass Ihr Grundstück theoretisch noch einmal verkauft werden kann, weil über einige Wochen hinweg jegliche Grundbucheintragung hinsichtlich eines Besitzerwechsels fehlt. Alle Verfügungen des Verkäufers, die das Recht des Käufers beeinträchtigen würden, sind nach Eintragung der Auflassungsvormerkung unwirksam. Die Auflassungsvormerkung soll verhindern, dass der Verkäufer nach Vertragsabschluss über die Immobilie weiter verfügt, d.h. an einen anderen veräußert oder das Grundstück weiter mit Grundpfandrechten belastet. Eine Auflassungsvormerkung schützt allerdings nicht vor Vermietung und Verpachtung.

Stimmen diese Rahmenbedingungen und haben Sie eine schriftliche Finanzierungsbestätigung Ihrer Bank, dann kann der nächste sinnvolle Schritt sein, einen vorgelegten Kaufvertrag durch einen externen Anwalt, der auf Immobilienrecht spezialisiert sein sollte, auf Ihre Interessenlage hin überprüfen zu lassen. Sinnvoll ist es, wenn der Anwalt auch gleich konkrete Neuformulierungen vorschlägt und Sie diese dann mit der Verkäuferseite durchsprechen und im Falle der Einigung anschließend dem Notar zur Einarbeitung vorlegen. Für die Prüfung des Vertragsentwurfs, eventueller Anlagen und zur Klärung aller wirtschaftlichen, technischen und weiteren Fragen sollten Sie sich ausreichend Zeit vor der Beurkundung einräumen und einfordern; aus der Erfahrung heraus mindestens zwei Wochen. Entsprechende Fachanwälte in Ihrer Nähe finden Sie z.B. über die Arbeitsgemeinschaft für Bau- und Immobilienrecht im Deutschen Anwaltverein unter www.arge-baurecht.com. Der Deutsche Anwaltverein empfiehlt übrigens sogar, den eigenen Anwalt auch zum Notartermin mitzunehmen.

Grundsätzlich ist es so, dass Sie nach einer geleisteten Unterschrift vor dem Notar kein Rücktrittsrecht vom Vertrag mehr haben. Daher ist es sehr, sehr wichtig, dass Sie sich vor diesem Termin vor allem auch über Ihre Finanzierung restlos im Klaren sind, über den Zustand der Immobilie und des Grundstücks soweit irgend möglich im Bilde sind und schließlich der Kaufvertrag Ihre uneingeschränkte Zustimmung finden kann.

## Das sollte in keinem Kaufvertrag fehlen

**Gesetzlich vorgeschriebene Gliederung des Kaufvertrags**

Bei der Gestaltung des Kaufvertrags ist zwar fast alles individuell regelbar, grundsätzlich bietet das Bürgerlichen Gesetzbuch (BGB) einen gesetzlich abgesicherten Rahmen, der Ihnen eine große Hilfe sein kann bei der Orientierung, was ein Kaufvertrag mindestens enthalten sollte. Dies ergibt sich aus den Bestimmungen der §§ 433 ff. BGB. Demnach sollte ein Kaufvertrag u.a. folgende Regelungen enthalten:

1. Leistung des Verkäufers
2. Modalitäten der Leistung: Besitzübergabe, Übergang von Nutzen und Lasten (§ 446 BGB)
3. Zahlung des Kaufpreises

4. Rechtsmängelhaftung (§ 435 BGB)
5. Sachmängelhaftung (§§ 434 ff. und §§ 633 ff. BGB)
6. Regelung der Erschließungskosten (§ 436 BGB)
7. Nebenbestimmungen

Unter Berücksichtigung dieser Punkte können Sie nun recht individuelle Vereinbarungen treffen. Um anschaulich zu verdeutlichen, wie ein Vertrag aufgebaut sein kann und was unter keinen Umständen darin fehlen sollte, ist nachfolgend stichwortartig aufgelistet, an was unbedingt zu denken ist.

**Daran sollten Sie unbedingt denken**

1. Wer schließt mit wem den Vertrag?

2. Was exakt wird veräußert? Exakte Beschreibung des Grundstücks hinsichtlich Lage, Größe, Flurnummer, Auszug aus dem Grundbuch etc. Genauso exakte Beschreibung des Gebäudes in Form einer Baubeschreibung inklusive Pläne (mit Baugenehmigungsplanung und Werkplänen Maßstab 1:50 mit Details) als Anlage, mit allen Materialien, Flächen und anderen Maßen.

3. Der exakte Kaufpreis (ggf. netto und brutto) mit Angabe der Währung. Als Anlage hierzu ein Zahlungsplan, in dem im Einzelnen festgelegt ist, nach welchen Modalitäten die Zahlung im Detail abgewickelt wird (wann; in welchen Raten, falls vorgesehen; ggf. über welches Notaranderkonto? etc.). Wenn Sie Einrichtungsgegenstände (z.B. Einbauküche oder Möbel) miterwerben, sollten diese separat ausgewiesen werden, weil Sie sonst auch für diesen Betrag die Grunderwerbsteuer bezahlen müssen.

4. Die Eintragung einer Auflassungsvormerkung im Grundbuch gemäß § 883 BGB.

5. Die Bezugsfertigkeit des Objektes (z.B. wann und in welchem Zustand? Datum!).

6. Falls die Immobilie vermietet ist, alle mit den Mietern eingegangenen vertraglichen Vereinbarungen.

7. Die Besitzübergabe mit dem Übergang aller Nutzen und Lasten (Wann ist der Übergang und welche Nutzen und Lasten gehen über?).

8. Auflistung aller Dokumente, die bei Besitzübergabe mit übergeben werden (Seite 175)

9. Wenn Einrichtungsgegenstände mitverkauft werden, sollten diese im Rahmen einer vorherigen Ortsbegehung genau beschrieben und ggf. fotografisch dokumentiert werden. Dieses Protokoll sollte Bestandteil des Kaufvertrags werden.

10. Haftung für Sachmängel (der Verkäufer haftet dafür, dass das Bauwerk frei von ihm bekannten Mängeln ist, z.B. feuchte Kellerwände, undichte Leitungen). Hier ist, soweit möglich, auch die Haftung für Altlasten zu fixieren und, soweit vereinbart, die Zusicherung, dass das Gebäude alle Vorgaben aus der 1. BImSchV und der EnEV einhält.

11. Übertragung von Gewährleistungsansprüchen. Wurden am Gebäude erst kürzlich Arbeiten ausgeführt und bestehen hierfür noch Gewährleistungsansprüche, sollten diese auf den Käufer übertragen werden, damit er beim Auftauchen von Mängeln Ansprüche gegenüber den ausführenden Unternehmen geltend machen kann, inklusive Bestätigung, dass alle am Haus durchgeführten Arbeiten durch Fachfirmen, d.h. solche die in die Handwerkerrolle eingetragen sind, durchgeführt wurden.

12. Haftung für Rechtsmängel (der Verkäufer haftet dafür, dass der Vertragsgegenstand bei Umschreibung auf den Verkäufer unbelastet ist, mit Ausnahme der vom Käufer bereits selbst mit Zustimmung des Verkäufers eingetragenen Belastungen, z.B. zur Kaufpreisfinanzierung durch die Bank).

13. Erschließungskosten. Wer trägt welche Kosten, insofern hier noch etwas anfällt?

14. Rücktrittsrechte und Kaufpreisminderung. Wer kann unter welchen Umständen vom Kaufvertrag zurücktreten oder welche Ursachen berechtigen nachträglich zu einer Kaufpreisminderung (z.B. neue Schäden an der Bausubstanz, Brandschäden)?

15. Bestimmungen für den Vollzug: schriftlich fixierter Vollzugsauftrag an den Notar.

16. Ausfertigungen und Abschriften (An wen gehen welche Ausfertigungen des Kaufvertrages? Z.B. an Verkäufer und Käufer, an das Grundbuchamt, an die Grunderwerbsteuerstelle, an den Gutachterausschuss und an die Gläubiger).

17. Hinweise und Belehrungen durch den Notar.

18. Salvatorische Klausel.

**Betrachten Sie einen vorgelegten Vertrag grundsätzlich als Entwurf**

In der Praxis ist es häufig so, dass Sie als Käufer vom Verkäufer einen Vertrag vorgelegt bekommen. Sie sollten einen solchen Vertrag grundsätzlich immer nur als einen Vertragsentwurf betrachten. Denn genauso, wie Ihnen der Verkäufer ein Vertragswerk vorlegt, können selbstverständlich umgekehrt auch Sie ihm einen Entwurf unterbreiten, der insbesondere auch Ihre Käuferinteressen berücksichtigt.

Im ergänzenden Ratgeber „Kauf eines gebrauchten Hauses: Die Checklisten", der im Mai 2010 erscheint bzw. erschienen ist, sind Vertragsbeispiele aufgenommen, damit Verbraucher einmal ein Gefühl für Aufbau, Begrifflichkeiten und juristische Formulierungen von Immobilienkaufverträgen erhalten können.

**Nehmen Sie sich Zeit für den Notartermin**

Nehmen Sie auf keinen Fall einen Notartermin unter Zeitdruck oder in Eile etc. wahr. Lassen Sie sich ausreichend Zeit, prüfen Sie den Vertrag vorher eingehend und vergewissern Sie sich seines Inhalts während der Beurkundung beim Notar. Wenn Sie sich unsicher sind, ziehen Sie einen Experten, wie z.B. einen auf Immobilienrecht spezialisierten Anwalt, zu Rate und nehmen ihn ggf. zur Beurkundung mit. Der Notar muss dazu das Einverständnis des Verkäufers einholen.

Sowohl der Verkäufer wie auch der Käufer sollten zum Notartermin natürlich je eine identische Vertragsfassung mitbringen. Stellen Sie sicher, dass alle Entwürfe den identischen Wortlaut haben. Wenn der Notar den Kaufvertrag vollständig vorliest, wozu er nach dem Beurkundungsgesetz verpflichtet ist, können Sie den Inhalt anhand Ihres mitgebrachten Textes vergleichen.

## Der Weg der Übertragung des Eigentums und die Hausübergabe

**Eintragung ins Grundbuch**

Nur durch den abgeschlossenen Kaufvertrag alleine werden Sie noch nicht Eigentümer des Grundstückes. Der Kaufvertrag verpflichtet den Verkäufer nur, das Eigentum auf den Käufer zu übertragen. Erst die Eintragung des Eigentümerwechsels ins Grundbuch unter Hinzuziehung des Kaufvertrages und der Auflassungserklärung sowie einer Unbedenklichkeitserklärung des Finanzamtes, dass der Eigentumsübertragung keine steuerlichen Bedenken entgegenstehen, schließen den Eigentümerwechsel endgültig ab.

Der Weg der Bezahlung läuft manchmal noch über ein Anderkonto des Notars, so dass einerseits für den Käufer sichergestellt ist, dass erst nach Abschluss aller notwendigen Formalien das Geld den Verkäufer auch erreicht, und andererseits für den Verkäufer klar ist, dass der Käufer die ausgehandelte Summe auch aufbringen kann. Immer häufiger werden aber auch direkte, vom Notar überwachte, Zahlungswege gewählt.

Die Hausübergabe ist schließlich der letzte Schritt beim Kauf eines gebrauchten Hauses. Wichtig ist hier, dass Sie das Protokoll der letzten Hausbegehung dabeihaben und kontrollieren, ob in der Zwischenzeit neue Schäden am Gebäude oder an der Einrichtung, die Sie ggf. übernehmen, zu sehen sind. Um die Wahrscheinlichkeit hierfür gering zu halten, sollte die Dauer der Zwischennutzung des Gebäudes zwischen Verkauf und Übergabe so kurz wie möglich sein. Achten Sie darauf, dass Ihnen folgende Unterlagen ausgehändigt werden, soweit vorhanden und dies vertraglich vereinbart wurde:

**Folgende Unterlagen sollten Ihnen ausgehändigt werden**

- genehmigte Bauantragsunterlagen mit Plänen des Gebäudes
- Werkplanung
- Flächenberechungen mit Rechenweg und Plänen, soweit vorhanden
- Statische Berechnung und Statische Pläne
- Pläne zur Haustechnik
- Wärmebedarfsberechnung und Schallschutznachweis, soweit vorhanden auch den Energiebedarfsausweis nach EnEV

- Baubeschreibung über verarbeitete Bausubstanz
- Adressliste der Unternehmen, die das Gebäude errichtet oder modernisiert haben
- Aufträge und Abrechnungen mit Unternehmen, die noch in der Gewährleistungszeit sind
- Betriebsanleitungen für Heizung, Alarmanlage etc.
- Wartungshefte für Heizungsanlage
- Wartungsverträge
- Versicherungsunterlagen
- Bescheinigungen des Schornsteinfegers aus den letzten Jahren
- Schriftwechsel mit oder Informationen der Kommune zu Haus und Grundstück
- Schlüssel für sämtliche Türen und Fenster
- Nachweise größerer Sanierungs- und Reparaturarbeiten

**Wechseln Sie an allen Außentüren die Schließzylinder**

Aus Gründen der Sicherheit sollten Sie an allen Außentüren die Schließzylinder wechseln. Haben Sie den Kaufpreis bezahlt und ist die Übergabe erfolgt, sind Sie der neue Besitzer des Hauses und können auch mit Renovierungs- oder Modernisierungsmaßnahmen beginnen, soweit dies nötig ist.

Vielleicht ist es beim Durchlesen der Buches deutlich geworden: ein Hauskauf ist gar nicht so leicht, wie es zunächst oft den Anschein hat.

Genauso wie beim Planen und Bauen eines Hauses müssen Sie auch hier zahlreiche Vorüberlegungen anstellen, über Ihre Raumbedürfnisse nachdenken, Preise, Ausstattungen und Materialien vergleichen. Und auch bei den konkreten Vor-Ort-Terminen werden Sie viele Samstage und Sonntage unterwegs sein.

**Prüfen Sie auch Angebote von schlüsselfertigen Objekten**

Ob es besser ist, eine Immobilie zu kaufen oder neu zu bauen, ist schwer allgemein zu sagen und hängt von zahlreichen individuellen Faktoren ab, z.B. davon, ob Sie überhaupt noch freie Grundstücke in Ihrer Umgebung finden. Was sich aber bei Ihrer Suche nach einem „gebrauchten" Haus in jedem Fall anbietet, ist, immer auch ein Auge auf die Angebote von schlüsselfertigen Objekten in Ihrer Nähe zu haben. Diese können mitunter auf dem gleichen Preisniveau liegen wie „gebrauchte" Immobilien, obwohl Sie dann den Erstbezug vornehmen.

Da der Erwerb von neuen, schlüsselfertigen Objekten wie auch das individuelle Bauen mit dem Architekten komplett eigenständige Thematiken sind, finden Sie in der Ratgeberreihe der Verbraucherzentralen hierzu spezielle Titel.

Für Anregungen und Kritik sind wir jederzeit offen.

Wir wünschen Ihnen eine glückliche Hand bei Ihren Entscheidungen.

# Wichtige Adressen

## Bauberatung und -information

**Bauherren-Schutzbund e.V.**
Kleine Alexanderstraße 9/10
10178 Berlin
Telefon 0 30/3 12 80 01
Telefax 0 30/31 50 72 11
www.bsb-ev.de

**Institut Bauen und Wohnen**
Wippertstraße 2
79100 Freiburg
Telefon 07 61/1 56 24 00
Telefax 07 61/15 62 47 90
www.institut-bauen-und-wohnen.de
Das Institut bietet eine Überprüfung von Bestandsimmobilien über die Kaufunterlagen an.

**Verband privater Bauherren e.V.**
Chausseestraße 8
10115 Berlin
Telefon 0 30/2 78 90 10
Telefax 0 30/27 89 01 11
www.vpb.de

**Wohnen im Eigentum.**
**Die Wohneigentümer e.V.**
Thomas-Mann-Straße 5
53111 Bonn
Telefon 02 28/7 21 58 61
Telefax 02 28/7 21 58 73
www.wohnen-im-eigentum.de
Der Verein bietet die Prüfung von Baubeschreibungen, baubegleitende Qualitätskontrollen und Vor-Ort-Bauberatungen an.

**ARGE Baurecht**
Arbeitsgemeinschaft für Bau und Immobilienrecht im Deutschen Anwaltsverein (DAV) e.V.
Littenstraße 11
10179 Berlin
Telefon 0 30/72 61 52-0
Telefax 0 30/72 61 52-1 90
www.arge-baurecht.de

## Energieberatung

Adressen zur bundesweiten Energieberatung der Verbraucherzentralen finden Sie im Internet unter www.vzbv.de.

**Bundesamt für Wirtschaft und Ausfuhrkontrolle (BAFA)**
Frankfurter Straße 29–35
65760 Eschborn
Telefon 0 61 96/9 08-0
Telefax 0 61 96/9 08-8 00
www.bafa.de

## Adressen der Verbraucherzentralen

**Verbraucherzentrale**
**Baden-Württemberg e.V.**
Paulinenstraße 47
70178 Stuttgart
Telefon 07 11/66 91-10
Telefax 07 11/66 91-50
www.verbraucherzentrale-bawue.de

**Verbraucherzentrale**
**Bayern e.V.**
Mozartstraße 9
80336 München
Telefon 0 89/53 98-70
Telefax 0 89/53 75 53
www.verbraucherzentrale-bayern.de

**Verbraucherzentrale**
**Berlin e.V.**
Hardenbergplatz 2
10623 Berlin
Telefon 0 30/2 14 85-0
Telefax 0 30/2 11 72 01
www.verbraucherzentrale-berlin.de

**Verbraucherzentrale**
**Brandenburg e.V.**
Templiner Straße 21
14473 Potsdam
Telefon 03 31/2 98 71-0
Telefax 03 31/2 98 71-77
www.vzb.de

**Verbraucherzentrale**
**des Landes Bremen e.V.**
Altenweg 4
28195 Bremen
Telefon 04 21/16 07 77
Telefax 04 21/1 60 77 80
www.verbraucherzentrale-bremen.de

**Verbraucherzentrale**
**Hamburg e.V.**
Kirchenallee 22
20099 Hamburg
Telefon 0 40/2 48 32-0
Telefax 0 40/2 48 32-290
www.vzhh.de

**Verbraucherzentrale**
**Hessen e.V.**
Große Friedberger Straße 13–17
60313 Frankfurt/Main
Telefon 0 69/97 20 10-0
Telefax 0 69/97 20 10-50
www.verbraucher.de

**Neue Verbraucherzentrale in**
**Mecklenburg-Vorpommern e.V.**
Strandstraße 98
18055 Rostock
Telefon 03 81/2 08 70 50
Telefax 03 81/2 08 70 30
www.nvzmv.de

**Verbraucherzentrale**
**Niedersachsen e.V.**
Herrenstraße 14
30159 Hannover
Telefon 05 11/9 11 96-0
Telefax 05 11/9 11 96-10
www.vzniedersachsen.de

**Verbraucherzentrale**
**Nordrhein-Westfalen e.V.**
Mintropstraße 27
40215 Düsseldorf
Telefon 02 11/38 09-0
Telefax 02 11/38 09-172
www.vz-nrw.de

**Verbraucherzentrale Rheinland-Pfalz e.V.**
Seppel-Glückert-Passage 10
55116 Mainz
Telefon 0 61 31/28 48-0
Telefax 0 61 31/28 48-66
www.verbraucherzentrale-rlp.de

**Verbraucherzentrale des Saarlandes e.V.**
Haus der Beratung
Trierer Straße 22
66111 Saarbrücken
Telefon 06 81/5 88 89-0
Telefax 06 81/5 88 09-22
www.vz-saar.de

**Verbraucherzentrale Sachsen e.V.**
Brühl 34–38
04109 Leipzig
Telefon 03 41/6 88 80 80
Telefax 03 41/6 89 28 26
vvww.vzs.de

**Verbraucherzentrale Sachsen-Anhalt e.V.**
Steinbockgasse 1
06108 Halle
Telefon 03 45/2 98 03-29
Telefax 03 45/2 98 03-26
www.vzsa.de

**Verbraucherzentrale Schleswig-Holstein e.V.**
Andreas-Gayk-Straße 15
24103 Kiel
Telefon 04 31/5 90 99-10
Telefax 04 31/5 90 99-77
www.verbraucherzentrale-sh.de

**Verbraucherzentrale Thüringen e.V.**
Eugen-Richter-Straße 45
99085 Erfurt
Telefon 03 61/5 55 14-0
Telefax 03 61/5 55 14-40
www.vzth.de

**Verbraucherzentrale Bundesverband e.V.**
Markgrafenstraße 66
10969 Berlin
Telefon 0 30/2 58 00-0
Telefax 0 30/2 58 00-5 18
www.vzbv.de

**Stiftung Warentest**
Lützowplatz 11–13
10785 Berlin
Telefon 0 30/26 31-0
Telefax 0 30/26 31-27 27
www.stiftung-warentest.de

# Stichwortverzeichnis

## Impressum

Herausgeber

Verbraucherzentrale Nordrhein-Westfalen e.V.
Mintropstraße 27, 40215 Düsseldorf
Telefon 02 11/38 09-5 55
Telefax 02 11/38 09-2 35
E-Mail: publikationen@vz-nrw.de
Internet: www.vz-nrw.de

Verbraucherzentrale Bayern e.V.
Verbraucherzentrale Berlin e.V.
Verbraucherzentrale Brandenburg e.V.
Verbraucherzentrale Hessen e.V.
Verbraucherzentrale Niedersachsen e.V.
Verbraucherzentrale Rheinland-Pfalz e.V.
Verbraucherzentrale des Saarlandes e.V.
Verbraucherzentrale Sachsen e.V.
Verbraucherzentrale Sachsen-Anhalt e.V.
Verbraucherzentrale Schleswig-Holstein e.V.
Verbraucherzentrale Thüringen e.V.

(Adressen ▸▸ Seite 179 f.)

| | |
|---|---|
| Autoren | Dipl.-Ing. Günther Weizenhöfer<br>Dipl.-Ing. Peter Burk<br>Institut Bauen und Wohnen, Freiburg<br>www.institut-bauen-und-wohnen.de |
| Lektorat und Koordination | Ilse Mara Berzins<br>Brigitte Bürger<br>Frank Wolsiffer |
| Fachliche Mitwirkung | Claus Mundorf<br>Beate Uhr |
| Titelfoto | zefa, J. Becker |
| Satz, Gestaltung | TGK Wienpahl, Köln |
| Druck | B.o.s.s Druck und Medien GmbH, Goch |